世界のビジネスを変えた

最強の「経営参謀」

公認会計士
山田 有人
YAMADA ARIHITO

税務経理協会

プロローグ

＊　＊　＊

　ある日、あなたの元に一通の手紙が届く。それは、「熱気球で大空を飛び回り、地球の美しさを実感してみませんか？」と書かれた招待状であった。子供の頃から大空への憧れを持っていたあなたは、期待に胸を弾ませて指定された日時に車を走らせた。

　待ち合わせの場所に迷うことはなかった。なぜなら、雲一つない青空の中、真っ赤な気球が今にも草原から飛び立とうとしているのが、遠くからも見えていた。あなたは車を停め、気球の下に吊られたゴンドラの方へ走っていった。

「最高の天気じゃないですか？」ベンジャミンと名乗る男が笑顔であなたを迎えてくれた。

「ええ、全くその通りです」あなたも笑顔で答えた。

　気球の下に置かれたバーナーの炎は、ゴーという爆音を立てて、気球はますます大きくなっていった。ゴンドラが今にも宙に浮きそうになった時、一人の男が小走りで近づいて来た。〝クラーク〟と書かれた名札をつけたその男は、ぶつぶつと独り言を言いながら、先に乗っている二人に挨拶もせずに、ゴンドラに乗り込んできた。

　その男の搭乗を待っていたかのように、ゴンドラは地上を離れた。

「このまま宇宙の果てまでも飛んで行きたい気分ですな」喜びを隠しきれないベンジャミンが、あなたの肩を叩きながら言った。

「いかにも」あなたも喜びを隠し切れなかった。

気球はさらに高度を上げていき、あなたの乗ってきた車はマッチ箱のようになり、山の稜線の向こうには、隣町の教会の塔まで見えるようになった。

その時だった。

「ロープが！」ベンジャミンがゴンドラの下を指差して叫んだ。

彼の指の先を辿ると、ゴンドラと地上をつないでいたロープが切れているのが見えた。

「もちろん君は気球の操縦ができるんだよね？」ベンジャミンが、あなたの顔を拝んで言った。

「残念ながら、僕は気球に乗るのが始めてです」あなたは声にならない声で答えた。

二人の不安をよそに、気球はさらに高度を上げていき、やがて、隣町の風景も豆粒ぐらいなっていた。

「いったい、俺たちはどこにいるんだ？」ベンジャミンは頭を抱えた。

「高度１５２３フィートだな」突然、ゴンドラの端にいたクラークが答えた。

あなたとベンジャミンはお互いに顔を見合わせた。

「風はどっちの方角から吹いていますか？」あなたは敬意を持ってクラークに質問した。

「北北西の風、４・５フィートだな」クラークはそっけなく答えた。

「君が操縦士だったんだね。早く言ってくれよ。いったい俺たちはどこに向かっているだね？」ベンジャミンがクラークの肩を叩いた。

「私は操縦士ではないし、行き先は風まかせだ」クラークはベンジャミンの手を振り払って答えた。

「冗談は止めてくれ。それじゃ、君はどうして高度や風速を知っているんだい？」あなたは思わず叫んでいた。

「これだよ」クラークは小馬鹿にしたように、「ゴンドラに搭載された計器を指差した。

「君は計器の見方は知っているが、操縦はできないというのか？」あなたは今にもクラークに殴らんばかりに興奮していた。

「私は単なる会社員で操縦士ではない。さっきからそう言っているじゃないか」クラークはぶぜんとして言い放った。

「これ以上、言っても無駄だよ」ベンジャミンがあなたをゴンドラの隅に連れていき、耳元でこう囁いた。「奴は経理課に勤めている会社員さ」

「どうしてそれがわかるんだい？」あなたが聞いた。

「データは正確だが何の役にも立たない」そう言ってベンジャミンは、裏返した手の平を肩まで上げた。

＊　＊　＊

ＣＦＯは経営者である

日本の若者が、企業の経営というものに興味を持ったとしても、簿記や会計を学びたいと思わないのは、このジョークに出てくるクラークをイメージしているからではないだろうか？

「何の役にも立たない」データを正確に得るためだけの仕事。帳簿のインクがワイシャツに付かないために黒い腕抜きをして、実直だがダイナミックさも創造性も感じられない。簿記や会計の学習の先にそんな職業が待っていたなら、誰もそんな勉強をしないだろう。

しかし、注意してもらいたいのは、このジョークは、私が米国で勤務していた時に聞いたジョークであるということである。米国においても、会社で経理にたずさわる人に対して、少なからず、クラークのようなイメージも持っているのである。米国には「Bean Counter」という言葉がある。これは、文字通り「豆の数を数えるために存在する人」を指す言葉で、実際に何千、何万という豆を数えるように、詳細な数値を集計し、「豆の総数は○○○個です」と報告する仕事である。

しかし、米国においては、企業の経営に関与することを夢見て簿記や会計を学ぼうとする若者は多い。それは、クラークのような存在の先に、CFO（Chief Financial Officer, 最高財務担当責任者）、すなわち「経営参謀」という職業を認識しているためである。

企業を経営するにしろ、熱気球を操縦するにしろ、その前提として、正確な情報を入手することは不可避である。しかし、米国の若者が憧れるCFOがクラークと違うのは、その情報をどのように使うかを知っているためである。正確な情報を瞬時に入手し、その情報に基づき、実際の経営（操縦）に参画する。こんな職業があるのならば、誰でも憧れるだろう。

CFOになるために簿記・会計を勉強する

CFOの最も重要となるスキルは簿記や会計であり、それらの学習はCFOになるための第一歩であることは間違いない。ところが、「CFOを目指して簿記や会計の勉強をしてみては？」とアドバイスをしても、その言葉に素直に頷いてくれる若者は、残念ながら今の日本には少ない。それは、簿記や会計という言葉から受けるイメージが、あまりにもネガティブな方向に偏っているためだと思われる。

日本では、簿記や会計を学習しようとする若者がいると、決まって公認会計士や税理士といった資格試験を受験するのか？と聞かれるだろう。しかし、欧米においては、そのような資格の取得を目指して、簿記や会計を学ぶ学生もいるが、大多数は、彼らが企業の経営に興味を持っているからであり、企業の経営をするためには、それらの技術や知識の取得が必要不可欠であることを知っているからである。

しかも、欧米にはそのような目標を持った若者が非常に多い（一度社会に出たが勉学を再開しようとする社会人までも含めると、その数は相当のものになる）。それは、彼らの頭の中に、将来の自分の姿をオーバーラップできるヒーロー像が明確になっているからである。そのヒーローこそが、この本のテーマであるCFO、すなわち「経営参謀」なのである。

日本に無いものは？

瀕死の状況にあった日産自動車が、カルロス・ゴーンをCEO（Chief Executive Officer, 最高経営責任者）に迎えて、奇跡のV字回復を達成したことは、記憶に新しいと思う。彼は雑誌「日経ビジネス」のインタビューに答えて、「日本に無いものは経営だけだ」（二〇〇三年一月一三日号）と言っている。この言葉からは、成功を成し遂げたという自負が否応なしにも伝わってくるが、実は彼がこの再建業務を引き受けるにあたって、ティエリー・ムロンゲという優秀なフランス人の経営参謀をCFOとして来日させていたのである。日産自動車のV字回復に関しては、後の章で詳述するが、この再生劇を一部始終仕組んだのは、むしろ、CFOであるティエリー・ムロンゲであったと言っても過言ではない。

日本は他の国と比べても遜色ない技術力を持っている。また、優秀な社長やCEOは過去において存在したし、現在においても活躍している。しかし、残念なことに、私を含めて（私もＣＦＯをやった経験がある）、特筆できるＣＦＯは、過去においても現在においても、ほとんどいない。日本経済はＧＤＰ世界第２位の規模を誇り、世界経済において一定の地位を確保していると言えるが、個々の企業レベルとなると必ずしもそうとは言えない。

例えば、株式の時価総額で世界のベスト１００にランクインしている日本企業は、トヨタ自動車（21位）、三菱ＵＦＪ銀行（57位）、任天堂（82位）、ＮＴＴ（93位）の４社だけである（二〇〇八年六月一三日終値、野村證券調べ）。その理由は色々と考えられるが、私は、日本企業に優秀なＣＦＯが存在しないということが重要な理由の一つだと考えている。すなわち、日本には優れた製造技術も開発能力もある。優れたＣＥＯもいる。しかし、「経営がない」。私にはゴーンの言葉が、「日本に無いものはＣＦＯだけだ」と聞こえるのである。

企業は熱気球と同じ

ＣＦＯも経理の担当者も、その活動の場は「企業」である。冒頭に挙げたジョークが巧妙なのは、その設定に熱気球を使っていることであり、それを企業の姿として暗示しているところにある。残念ながら、私はこのジョークの中の「あなた」と違い、高所恐怖症のため熱気球に乗ろうとは思わないが、熱気球には操縦桿というものが無いそうである。クラークの言う通り、熱気球という乗り物は風まかせなのである。バーナーからの熱の調整による上昇、下降のみが可能であり、風の向きと強さは高度によって異なるため、進みたい方向の風を見つけて高度を調節するそうである。

私は大学を卒業して20年以上、「企業」というものと接してきたが、私が持つ企業のイメージは、まさにこの熱気球のイメージにぴったりなのである。企業は、社会、景気といった外部の環境や顧客、従業員、株主、債権者といった利害関係者の意向に逆らって活動することはできない。そういった意味においては、極めて「風まかせ」な存在である。とはいうものの、全く受身であるかというとそうでもなく、上下運動ぐらいのコントロールは可能なのである。優れた経営者とは、その限られたコントローラーを操り、企業を目的地に誘導しているのである。

企業を例えるならば、飛行機の方がイメージに合うのではないかと反論する読者もいるかもしれない。大量の燃料を搭載し、大型のエンジンで目的地まで一直線に向かっていく。障害物に遭遇したら、ハンドルを急旋回してそれを避けていく。それが企業ではないかと。

しかし、歴史を見ていただきたい。世界の企業の中で、１００年間存続している企業が何社あるだろうか?また、長期間存続できた企業も、その営んでいるビジネスや経営形態は一定ではない。むしろ、環境に応じた変革を行ってきたからこそ存続できたのである。日々のテレビや新聞の報道を見ても、環境という風を軽視したために、取り返しのつかないダメージを受けた企業のニュースには事欠かないだろう。現代社会においては、企業という存在は非常に大きな影響力を持っている。しかし、個々の企業はそんなに強いものではない。経営とは外部の環境と調和をさせる行為であり、だからこそ、様々な情報を正確にかつ迅速に、認識、測定、伝達することは経営の基礎である。これらを司る専門的能力に加え、意思決定にも参画するＣＦＯの役割は重要なのである。

新しい時代の経営参謀をめざして

私がこの本を執筆しようとした動機は、日本から世界で認められるＣＦＯが出現してもらいたいと考えたからである。エンロン事件を始め、我々が目標とすべき欧米のＣＦＯも曲がり角に来ていることも事実である。しかしながら、教師として、また、反面教師としても、欧米のＣＦＯが実際に行ってきた行動を観察することは有益なことである。また、環境問題や超高齢化社会への移行等、人類が経験していなかった諸問題を前提として企業への期待も変化しつつある。この新しい企業のパラダイム・シフトへの対応もＣＦＯの重要な役割となる。

日本において、一人でも多くの創造性と倫理性に富んだＣＦＯが経営参謀として誕生し、真なる意味で、日本企業を世界でも胸の張れるリーディング・カンパニーに導いてくれたならば、著者としてこれほどの喜びはない。

世界のビジネスを変えた
最強の経営参謀●もくじ

第1編 世界で活躍する経営参謀

第1章 グーグルの上場を支えた立役者

第2章 ソフトバンクの躍進を支えたM&Aの仕掛人

第3章 ディズニーのアイドルCFO

第6章 敵対的買収を仕切るミタル社の若き参謀

第2編 「会計学のススメ」とCFOという職業

第7章 会計の学習ほど効率のいい投資はない

第8章 CFOとは専門的知識を持った経営者である

第3編 会社は誰のものか？

第9章 敵対的買収の事例から言えること

第10章 企業価値とは何か？

第4編 既存システムの限界と新しい時代のＣＦＯ

第11章 企業のパラダイムシフト

第12章 なぜ不正会計は無くならないのか？

第13章 新しい時代のCFOに求められる資質

第1編

世界で活躍する経営参謀

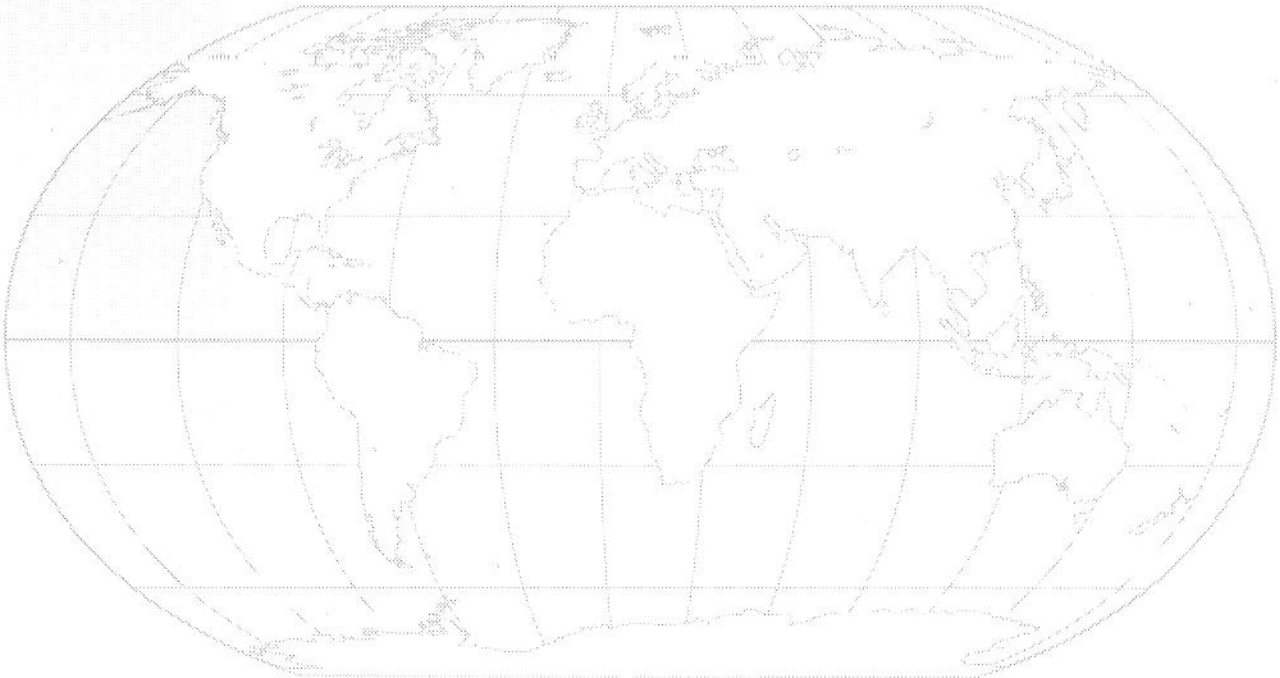

この編においては、CFOの業務範囲を網羅的に理解してもらうために、以下のように企業の成長の段階を4つに分け、それぞれの段階で生じる可能性が高いと思われるトピックを抽出し、そのトピックに対して、どのように実際のCFOが対応していったかを紹介していく。

①企業の誕生期・・・・グーグル社の株式公開の準備（第1章）
②企業の成長期・・・・ソフトバンクのM&A戦略（第2章）
③企業の成熟期・・・・ディズニー社の財務戦略（第3章）
④企業の衰退期と再生・・・日産自動車のV字回復（第4章）

さらに、CFOの姿をなるべく客観的に理解してもらうために、エンロン事件を起こしたCFOの紹介（第5章）と、その評価は分かれるところだが、敵対的買収によって世界第一位の製鉄メーカーとなったミタル社のCFOについても紹介する（第6章）。

第1章から第4章で登場するCFOは、非常に優秀な経営者である。しかし、実際の企業の経営においては、成功も失敗もしているはずである。ここでの紹介が、単なるサクセス・ストーリーの押売りに終わらないように、できるだけ客観的な立場で彼らを評価することに心がけ、あえて彼らのマイナスの業績も記述している。また、本編は、企業の公表する財務情報、雑誌、書籍、ホームページ等のインターネット上の情報等に基づいて書かれており、事実の客観性については、おのずから限界があることを了承してもらいたい。

また、この本の趣旨は、会計の知識がない人を対象にＣＦＯの業務の魅力を理解してもらうことにあるので、一部の記述を変更していることに注意して欲しい。

なお、文中の人物の敬称は、説明の流れを重視させてもらう関係上、省略させてもらっているが、失礼をお許しいただきたい。

第1章 グーグルの上場を支えた立役者

1 グーグルという会社 (1)

インターネットを利用した人ならば、少なくとも一度はグーグル（Google）の検索エンジンを利用したことがあるだろう。また、「グーグルアース」を使って自分の家や、いつかは訪れてはみたいどこかの場所の衛星写真を見たことがあるかもしれない。

グーグル社（Google Inc.）は、二〇〇四年に米国のナスダック市場で株式公開をした上場企業である。上場時に行った27億2000万ドル（約3100億円）という資金調達額は、一九九五年に上場したネット・スケープ・コミュニケーション（1億3700万ドル（約155億円））を大きく上回って、ネット関連企業としては過去最大の規模となっている。

社名であるグーグル（Google）の由来は、数学用語の「Googl」（ゴーゴル、10の100乗を意味する）という言葉からつけられた造語で、こうした莫大な数字に象徴されるように、現在、同社は、米国のインターネットの検索エンジンのシェアではトップを占め、毎日2億件の検索をこなしているそうである（2）。

グーグルは二人の天才から始まった

グーグル社は、ラリー・ペイジとサーゲイ・ブリンという二人の学生によって創設された。ラリー・ペイジは、ミシガン州立大学のコンピューター・サイエンスを研究する教授を父に持ち、初めてコンピューターに触れたのはわずか6歳の時だった。父親と同じ道をたどったペイジは、コンピューター・エンジニアリングを専攻し、ミシガン大学を優秀な成績で卒業した。同校においては、インクジェット・プリンタをＬｅｇｏ™ブロックで作ったという逸話も残されている。スタンフォード大学で修士号を取得後は、同大学の博士課程を休学中である。二〇〇四年には全米工学アカデミーの会員にも選ばれている。

また、モスクワ出身のサーゲイ・ブリンは、メリーランド大学で数学およびコンピューター・サイエンスを専攻し、優秀な成績で理工学学士号を取得した。スタンフォード大学でコンピューター・サイエンスの修士号を取得後は、同大学の博士課程を休学中である。研究分野は、検索エンジン、構造化されていないソースからの情報抽出法、大量のテキストデータや科学データのマイニング手法で、学会誌に発表した論文も多い。

このように二人の履歴を追ってみても、彼らはビジネスマンというよりコンピューター・サイエンスの研究者といった性格を有している。

グーグルの衝撃度

「日経ビジネス」二〇〇六年九月二六日号は、「グーグルはなぜタダなのか。地球を覆うネット民主主義」というタイトルで、同社の特集を組んだ。その中には、通称「キャンパス」と呼ばれるサンノゼ近くの本社の様子が写真付きで紹介されている。高級ホテルのビュッフェのように世界中の料理が無料で提供される「グーグルカフェ」、社内にあるビーチバレーのコート、ビリヤード台やおもちゃが点在するオフィス。自由の気風が漂う米国西海岸からは今までも数多くのユニークな企業が創業されてきたが、この衝撃度は過去のそれを超えて、型破りと言わざるをえない。

二人は、一九九五年スタンフォード大学のコンピューター・サイエンスの博士課程の学生として出会い、一九九六年から「ＢａｃｋＲｕｂ（バックラブ）」というグーグルの前段階の検索エンジンの開発を始めた。一九九八年には、二人の指導教授の紹介で、サン・マイクロシステムズの共同創業者であるアンディ・ベクトルシェイムに会い、10万ドルの資金を調達した。これにより、二人は大学を中途退学し、友人宅のガレージでグーグル社を創業した。しかし、同社は慢性的な資金難の状況にあり、創業からちょうど一年後、クライナー・パーキンズ社とセコイア・キャピタル社というシリコンバレーでも屈指のベンチャー・キャピタル企業から2500万ドルの資金調達に成功し、事業拡張に乗り出すことが可能となった。その後、前述のように同社は上場を果たし、二人は「グーグル・ボーイズ」と呼ばれ、米国の若い世代にとってアイドルのような存在となっている。

グーグルは〝最高〟に甘んじない

同社は、良くも悪くもこの二人の技術系の天才のビジョンと文化を受け継いでいる。それを端的に示しているのが、同社の「〝最高〟に甘んじない（Never settle for the best）」という企業理念の言葉であろう。また、同社のホームページには、その企業理念に関する解説として、以下の文章が掲載されているが、ここからも彼らの異常と言えるほどの自負心と志の高さが見られる。

「ラリー・ペイジは言います。「完璧な検索エンジンとは、ユーザーの意図を正確に把握し、ユーザーのニーズにぴったり一致するものを返すものだ」。検索テクノロジーを取り巻く今日の状況を考えたとき、それは、膨大なリサーチと開発と技術革新が必要な、達成するのがとても難しい目標です。Googleは、その目標に向かって先鞭を付けることに全力を傾けています。（中略）どこからでもアクセスできる高速で正確、かつ使いやすい検索サービスを提供するために、Googleは常に画期的な技術を求めて既存のモデルの限界を打ち破ってきました。Googleについて理解していただくためには、個人、企業、そして技術者たちのインターネット観をGoogleがどのように変えたかを知っていただく必要があるでしょう。」

また、さらに、同社の技術力の高さを示す説明として、以下の文章も紹介しておく。

「Googleの開発者たちは、正確な結果を高速に提供するためには、新しい種類のサーバーが必要なことを当初から認識していました。検索エンジンの多くは、少数の大規模サーバーで構成されているために負荷がピークに達するとスピードダウンしますが、それに対しGoogleは、PCをリンクして一つ一つの検索にすばやく結果を返します。この革新的な技術によって、短い応答時間、高い拡張性、低いコストが達成されました。」

2　グーグルの経営陣

グーグルのホームページには、同社の14名の経営陣（Executive Management Group）の履歴が顔写真付きで掲載されている。それを見てみるとおもしろいことに気がつく。もちろん、この個性豊かな二人の創業者は経営陣のリストの中に入っているが、そのリストの先頭は、エリック・シュミットという別の人物の名前が書かれているのである。ペイジとブリンは、それぞれ「共同創設者兼製品部門担当社長（Co-Founder & President, Products）」「共同創設者兼技術部門担当社長（Co-Founder & President, Technology）」という肩書になっており、このエリック・シュミットの肩書は、「会長兼最高経営責任者（Chairman of the Board and CEO）」ということになっている。

エリック・シュミットなる人物

エリック・シュミットとは、いかなる人物なのであろうか？同社のホームページは、彼の履歴とグーグル社における役割が以下のように記されている。

「エリック・シュミットは、前職では、Novell の会長兼ＣＥＯとして、同社の重要な経営戦略および技術開発において中心的な役割を果たしていました。就任以来、Google の急速な成長を支えるための企業インフラの整備と、製品開発サイクル時間を最小限に抑えつつ高品質を維持することに努力を傾注しており、ラリー・ペイジやサーゲイ・ブリンとともに、Google の日常業務の責任者としての役割を果たしています。Novell では、インターネットにおける戦略的なリーダーとして、また、技術開発者として20年間の実績を積み上げてきました。豊かな経験を持つシュミットは、急成長を続け、ユニークな企業文化を持つ Google Inc. のＣＥＯとしてまさに適任と言えます。（中略）プリンストン大学で電子工学の理学士号を、カリフォルニア大学バークレー校でコンピューター・サイエンスの修士号および博士号を取得」

彼がグーグル社に入社したのは、前述した一九九九年に二つのベンチャー・キャピタル企業から調達した2500万ドルに関係している。ベンチャー・キャピタル企業は、将来有望なベンチャー企業に投資をしてくれる。しかしその投資は決して慈善事業ではない。彼らの狙いは、投資した企業が上場や他社へ身売りすることによって、投資額以上の売却代金を回収することにある。

グーグル社に投資した二つのベンチャー・キャピタル企業は、二人の創業者のアイデアと技術力には最高級の評価をつけたが、そのアイデアが果たして利益を生む事業になるのか？そして、この二人で学生の寄せ集まりでしかない会社を上場ができるほどの組織に作りあげられるのか？という問題に対しては非常に不安であった。そこで、ベンチャー・キャピタル企業は、会社経営に熟知した経験豊かな経営者を雇うということを投資の条件としたのであった。

ベンチャー・キャピタル企業からの候補者を拒否

しかし、個性豊かな二人の創業者は、紹介される経営者の候補を次々と拒否していった。彼らにしてみれば、まんまと投資はせしめたが、自分たちが作り上げた企業の文化を守りたかったのである。その当時のグーグル社は、上場を目指す会社というより、自由な研究を行っている大学のキャンパスのような存在だった。この辺の事情は、「Ｇｏｏｇｌｅ誕生　―ガレージで生まれたサーチ・モンスター―」（デビッド・ヴァイス／マーク・マルシード著

日本語訳　田村理香　イースト・プレス発行）に詳しく書かれており、その中には二人の象徴的な発言が紹介されている。

「本音を言えば、それが誰であろうとも、自分たちの肩越しにグーグルをのぞき込まれるのがいまだに嫌だったのである。そして、絶対にいらないし、絶対に介入してほしくないのが財務屋だった。会社の経営を重視した型通りのやり方にはめこまれてしまうのは、百害あって一利なしだ。発明の精神は窒息させられるし、前進は妨げられてしまう。そうなればそのうち、クライナー・パーキンズとセコイア・キャピタルに、不安を煽り立てる報告書が送られる。そしてこの二社に、グーグルなどに投資して何という無駄遣いをしてしまったことか、と思わせるだけだ」（同書　164p）

ジョージ・レイエスの登場

しかし、結果的には、二人はシュミットを受け入れ、彼を通じて二人が最も嫌っていた〝財務屋〟を入社させる。それが、この章の主人公であるジョージ・レイエスである。

レイエスは、二〇〇二年にCFOとしてグーグル社に入社した。シリコンバレーの複数の有名な技術関連企業で幅広い経験を積んだベテランで、前職ではONISystemsの暫定CFOとして、光学ネットワークの会社をCiena Corporationに売却する業務に携わった。また、同社入社以前には、サン・マイクロシステムズに13年間勤務し、一般システムのグループ責任者、インターコンチネンタル・オペレーション部門の財務ディレクター、監査ディレクター、企業監督担当副社長、会計担当副社長など、財務関連の役職を歴任した。サンタクララ大学で経営管理学修士号（MBA）を、南フロリダ大学で会計学学士号を取得している。

どの企業にも独自の企業文化があり、企業が採用している組織形態は千差万別である。しかし、あえて、標準的と思われるスタイルを述べれば、CEOの仕事は事業のビジョンやアイデアを構築することであり、CFOがそれらの事業化について財務・経理の専門家としての立場から協働するというパターンが多いと思われる。しかし、グーグル社のケースでは、実際の肩書きとは異なり、個性豊かなこの二人の創業者が本来CEOがすべき仕事の大部分をこなし、シュミットとレイエスの二人で、一般的に言うCFOの役割を果たしていると思われる。

3　株式公開（IPO）とは何か？

二人の天才に企業経営のプロがそろったグーグル社であったが、投資したベンチャー・キャピタル企業が望むように、株式公開に向けて突き進んだわけではなかった。シュミットとレイエスの仕事は、走ることは速いが、気性の激しい荒馬を、立派な競走馬に調教していくようなものだったのではないかと容易に想像がつく。

前述の「Ｇｏｏｇｌｅ誕生」には、二つのグループの軋轢を示すエピソードが数多く紹介されている。例えば、当時のグーグル社の会計記録は、２００ドル前後で市販されているクイッケン社のソフトウェアを使って行われていた。その市販のソフトウェアは個人商店や零細企業向けのものであり、上場を目指そうとする企業には明らかに不適当であった。そこで、シュミットが、オラクル社のシステムを導入しようと提案すると、二人の創業者は金の無駄遣いだと言い争いになった。この状況は、例えば、高速道路を走るのに、ハンドルもタイヤもついているのだから、買い物用自転車（いわゆるママチャリ）で充分ではないか？と反論するのと同じである。

カード決済をやめる

また、当時のグーグル社では、会社に自動的に請求が行くクレジットカードを、社員が自由に使っていた。企業の一義的な目的は利益を獲得することであり、そのためにはコストは管理されなければいけない。通常の会社ならば、社内で定めた一定の規則に従って実際の支払の手続きをする。そこで、シュミットが、一枚のカードを除いて、全てのカードを解約させた。すると、ある日、彼の部屋に公衆電話ボックスが置かれていた。その犯人を突きとめると、今度は、何台かのマッサージチェアが現れた。このように二人の創業者は子供の悪戯のように、経営者に抵抗したようである。シュミットが次のように言っている。
「わたしが、最初の一、二年で行ったことを一言で言うなら、ラリーとサーゲイが生み出したヴィジョンと宝物の周囲に、事業と経営という骨組を構築した、ということになるだろう」（同書　173p）

株式公開とは、未上場の会社の株式を証券市場において売買可能にすることをいう。上場にあたり、増資（新たに株式を発行すること）や株式の売出し（既存の株主が持っていた株式を売却すること）を伴うことから、IPO（Initial Public Offering）とも呼ばれる。

未上場の会社の株式も譲渡することができないわけではないが、自分で譲渡先を探してこなければいけないし、売買金額を交渉しなければいけない。しかし、株式の公開がされると、株主は自己の保有する株式を市場で売却できるので、譲渡先を探してくる必要もなく、売買金額も市場で決定されるので交渉する必要もなくなる。また、会社自体も証券市場において新たな株式を発行することができるようになるので、機動的な資金調達が可能となる。さらに、上場することによって、企業の知名度や信用度のアップが図れるという副次的なメリットもあり、事業展開の円滑化や、優秀な人材の確保がしやすくなる。

株式公開の助走期間

しかしながら、上場企業になるということは、いつでも誰でもその会社の株主になることを意味しているため、上場企業にふさわしい企業体制を有していることが要求される。一般的には、株式公開のためには数年をかけて以下のような準備を行う。

（1）事業計画及び利益計画の策定

株式会社は、一義的には株主からの出資を元手に利益を獲得することが要求される。上場をしようとする会社には、継続的な利益の獲得が確信できる事業計画や利益計画が存在しなければいけない。将来の事業計画や利益計画が単なる希望的推測にすぎない場合には、上場することはできない。

（2）資本政策の策定

上場を機に創業者を含めた既存株主は、保有株式を現金化することができる。また、会社は新しい株式を発行して資金調達をすることができる。しかしながら、株式の公開がされると、会社が望まない者までも容易に株主になることができる（極端な例が敵対的買収である）。そのため、会社にどれだけの資金が必要で、既存株主がどれだけの現金を望み、一方で、創業者がどれだけの比率の株式（株主総会における議決権）を確保したいのかを決定しておく必要がある。

（3）組織関連規程の整備

上場企業は、継続的かつ組織的に会社の運営をすることが期待されている。したがって、一部の経営者や従業員の独断で意思決定がされることや、何か問題が起こりそうな場合であっても、それが未然に防がれるシステムが整備されていないと上場審査には合格しない。

（4）予算制度の導入

上記の事業計画及び利益計画を、具体的に実現するためには、部門ごと月次ごとに細分された予算を作成し、実績との対比を行っていかなければいけない。もちろん、予算と実績を単に対比するだけではなく、その結果に基づく対応策がとられるシステムが構築されていなければいけない。

（5）ディスクロージャー体制の構築

上場企業は、財務諸表等の会計情報を含めて、様々な情報を法律の規定にしたがって適時に開示しなければならない。会社の中に適切なディスクロージャー体制が構築されているかは、上場審査の重要なポイントの一つである。

（6）公認会計士監査の導入

上場企業が公表する財務諸表は、外部の公認会計士の監査を受けて適正なものであるというお墨付をもらわなければいけない。

ウォール街の因習への挑戦

グーグル社は二〇〇四年八月一九日に上場を果たした。しかしながら、その株式公開は、

「ウォール街を震撼させる株式公開」だと評された。それは、単に資金調達額が大きかったというだけでなく、二人の創業者が、ウォール街の様々な因習に挑戦したからであった。

例えば、上場時に売り出される新規公開株の割当てをする方法として、幹事証券会社が割当て先を決める「ブック・ビルディング方式」から、誰もが株の取引に参加できる「ダッチ・オークション方式」を採用した。これは、彼らが事業上、最も重要視している「民主的」という概念を株式市場にも持ち込みたいという二人の願いが背後にあった。しかし、これにより、ウォール街の金融機関は因習を捨てさせられたばかりでなく、権益も失うことになった。

また、上場後も会社の支配権は確保したいという二人の希望により、同社は二種類の株式を発行する方法を採用した。それは一般投資家用のクラスA株には、一株につき一票の議決権が与えられるが、自分たち創業者用のクラスB株には、一株十票の議決権を与えるものであった。

二人の創業者の危うさ

このように、二人の創業者は、誰が何と言おうと、自分たちの考える理念を頑なに守り続けた。同社のホームページには、「Ｇｏｏｇｌｅが発見した10の事実」という記述が掲載されており、その一番目には、次のような証券市場に対して挑戦的とも言える記述がある。

「1．ユーザーに焦点を絞れば、「結果」は自然に付いてくる。

Googleは、当初からユーザーの使い心地を第一に考えてきました。顧客を最も重要視しているると謳う企業はたくさんありますが、株主にとっての企業価値を高める誘惑に負け、犠牲を払う会社企業も少なくありません。Googleは、サイトを訪れるユーザーの利益にならない変更は一貫して拒否してきました。」

株式公開に関する問題が出尽くしたと思われた頃、この個性的な二人の創業者は、ある雑誌に長いインタビュー記事を掲載してしまった。この行為は、沈黙期間規制（情報公開の平等性のため、申請書以外の情報提供を禁じる期間）を侵害するおそれがあった。もちろんシュミット以下の経営陣は、この問題に対処して事なきを得たが、そのインタビュー記事を掲載した雑誌とは、株式市場とは程遠い「プレイボーイ」だったのである。

上場の準備はただでさえ大変な作業である。この二人の創業者を内部に抱えた、シュミットやレイエスの苦労は推して知るべきであろう。

4 突然の株価の下落

二〇〇六年二月二八日、グーグル社の株価が、ある人物の発言を受けて、一時14％も急落した。同社の二〇〇六年当時の時価総額は約13兆円であったので、2兆円弱の価値が一瞬にして消滅したことになる(3)。

その人物とは、創業者であるペイジやブリンではなく、CFOのレイエスであった。彼は、この日の午前中にメリル・リンチ社が主催した投資家向けのセミナーで、「われわれの成長率が四半期ごとに鈍化していることは明らかだ。われわれは今後ビジネスを売上につなげるための他の方法を見つけなくてはならない」と語り、そのニュースが証券市場に瞬く間に伝わったためだった。

注目しなければいけない点は、彼が発表したのが、過去の実績ではなく、同社の将来の見込みとリスクを説明したということである。もちろん、同社にとって株価が下がることはいいことではない。しかし、この本のテーマである企業経営におけるCFOの重要性を理解してもらうためには、これほど象徴的なニュースはないと思う。彼は、単に過去の結果を返答するだけのビーン・カウンターではないし、プロローグに書いたクラークでもない。独創的な二人の創業者と同船しながら、気球の進むべき方向性とその対策を示しているのである。だからこそ、彼のその一言で、二兆円もの価値が上下したのである。

そして、この日の彼の言葉を受けてかどうかは明らかではないが、二〇〇六年一〇月九日に、同社は、インターネットで動画共有サービスを行っているユーチューブ社(YouTube)を株式交換で買収する(ユーチューブの株主は16億5000万ドル相当のグーグルの株式を取得した)。

5 レイエスの辞職表明

二〇〇七年八月二九日のウォール・ストリート・ジャーナルは、突然、CFOのレイエスがグーグル社を去る予定であることを報じた。同紙によると、彼は、後任が決まり、引き継ぎが終わるまで同社にとどまる意向だという。彼の在任中、同社は著しい成長を遂げた（売上高は二〇〇二年の4億3950万ドルから二〇〇六年の106億ドルへ、従業員数は二〇〇二年末時点の682人から二〇〇七年六月時点で1万3786人となった）。また、同紙は、RBCキャピタル・マーケッツのアナリストであるジョーダン・ロハン氏の「グーグルがこのような規模に成長したことへのレイエス氏の寄与度を、投資家は十分に評価していない」というコメントを載せている。

さらに、二〇〇六年末時点で、彼は、同社のストック・オプション（自社株購入権）を5万1750株（約2360万ドル相当）保有しており、二〇〇四年八月以降、2億5950万ドル相当のグーグル株を売却しているとも報じている(4)。

レイエス自身は、「グーグルで過ごした5年半は素晴らしかった。卓越した専門家集団に安心して後を任せることができる。彼らはグーグルの著しい成果を基にさらに前進し続けるだろう」との声明を発表した(5)(6)。

（1）この章を書くにあたっては、主に、グーグル社ホームページ、「Ｇｏｏｇｌｅ誕生」（デビッド・ヴァイス、マーク・マルシード著　田村理香訳　イースト・プレス）を参考にしている。
（2）グーグル社ホームページより
（3）NIKKEI NET　二〇〇六年三月一日のニュースより
（4）ストック・オプションの制度の説明は、第9章3項に参照のこと。
（5）NIKKEI NET　二〇〇七年八月二九日のニュースより
（6）二〇〇八年八月一二日にレイエスは、グーグル社のＣＦＯを辞任した。

コラム 「上場準備は水の上を歩くようなもの？」

上場準備の作業のほとんどは、CFO が中心になって進めていかなければいけない。

私も個人的に、CFO として二つの会社を上場させた経験がある。上場準備の段階にある企業は、CEO がいかに明確なビジョンを持っていても、その事業から確実に利益を生み出せるとは限らない。利益が生じないと運転資金が底をつく。そのようなジレンマを解決してくれるのは、事業運営が遂行できるしっかりとした組織を構築することだが、資金が無いと人材確保もままならない。

このように、上場準備というものは、事業・資金・組織という三つの絡み合う要素をうまくコントロールさせながら、前進していかなければいけないのである。

子供の頃、「人間が水の上を歩く方法」の話を聞いたことがある。それは、右足が水面に落ちる前に左足を前に出し、その左足が水面に落ちる前に右足を前に出せば、水の上を歩くことができるというものだった。私が CFO として上場準備を行っている時は、まさにそんなことを要求されている心境であった。

第2章 ソフトバンクの躍進を支えたM&Aの仕掛人

1 ソフトバンクは何の会社？（1）

ソフトバンクという会社から受けるイメージは何だろう。日本の情報通信業の雄？携帯電話の運営会社？あるいは、プロ野球チーム「福岡ソフトバンクホークス」の親会社ということかもしれない。しかし、二〇〇六年一〇月二日、同社は東京証券取引所において申告している所属業種を、「卸売業」から「情報・通信業」に変更している。実は、同社の創業当時のビジネスは、他社が作ったコンピュータ―ソフトの卸売や雑誌の出版であり、現在のような情報・通信業を行っていなかったのである。ここで、同社の創業者兼代表取締役社長である孫正義の経歴と、同社の株式公開までの歴史を簡単に見てみる。

孫正義は、一九五七年に佐賀県に生まれた。久留米大学附設高校に入学するが、卒業せず単身渡米して米国の高校に編入し、カリフォルニア大学バークレー校に入学する。大学時代、自分で考案した「音声機能付き他言語翻訳機」をシャープに約1億円で売り込み、その資金を元に米国で事業を起こした。

一九八一年に株式会社日本ソフトバンクを設立する。その後同社は、当時パソコンソフト最大手であったハドソンとの販売契約の締結に成功し、さらに、パソコン関係の出版業務に進出し、業務拡大を図った。一九八七年には、フォーバルと共同で電話の際に自動的に安い回線を選ぶ「NCC BOX」(いわゆるLCR)を開発し、その使用料で莫大な利益を獲得するようになる。この資金を基に同社は急速に成長していく。一九九〇年には、「ソフトバンク株式会社」に社名変更し、一九九四年には念願だった株式の店頭公開に成功する。このように、同社は株式を店頭公開した時点においては、今の同社から受けるイメージの事業を全く行っていなかったのである。

2 M&Aのプロの登場

せいぜい十年ちょっとの間に何が起こったのだろうか?その答えを出すためには、この章の主人公である北尾吉孝という人物に登場してもらわなければいけない(2)。

北尾は一九五一年に兵庫県で生まれた。一九七四年に慶応義塾大学経済学部を卒業後、野村證券に入社する。一九七八年には留学先の英国ケンブリッジ大学を卒業し、その後、ニューヨーク、ロンドンの海外勤務を経て、一九九三年には41歳の若さでベンチャー企業などを統括する事業法人三部長に抜擢される。将来の社長候補という声も上がっていたそうであるが、一九九四年に孫が直接スカウトし、翌年ソフトバンクに常務として入社する。ちなみに北尾は孫の6歳年上である。

二人の出会いから、およそ5か月後に、同社は、株式公開で得た資金で、米国ジフ・デービス社の展示会部門を200億円で買収する。一九九五年三月期の同社の売上高は約964億円、経常利益が約47億円であったから、この買収が同社の規模と比べていかに大きかったかがわかる。

間接金融はM&Aには合わない

しかし、同社の買収の勢いはこれだけでは留まらなかった。北尾が野村證券を去る直前の一九九五年二月には、同社のメーンバンクである日本興行銀行（興銀）を幹事とする14の銀行の協調融資団からの530億円の借入と増資で、世界最大のコンピューターの展示会であるコムデックスを800億円で買収する。この時、北尾は孫に対して、銀行融資ではなく社債発行で買収資金を賄うことを進言していた。余談ではあるが、この時の興銀の担当者が、後に楽天を創業する三木谷浩史である。

企業が資金調達する方法には、銀行から借入をする方法（間接金融）と、自らが株式や社債を発行して証券市場から直接資金を調達する方法（直接金融）がある。日本においては、社債市場が未発達であったため、企業が資金調達をする方法としては、株式を公開する以外は、事実上、銀行から借入をする方法が主流であった。

孫もこの銀行団からの借入には不満があった。なぜなら、80億円以上の買収をする場合には、主要各行からの承諾を得なければいけないと契約書に書かれていたためである。銀行団からの協調融資の場合は、そのような条件がつくことは通常であるが、米国のスピード経営を知っている孫にしてみれば、それは買収交渉における大変な足かせであり、事実上の買収凍結を意味するものであった。

もちろん、制度上、企業は直接証券市場で社債を発行して資金調達をすることもできる。しかし、企業が社債を発行する場合には、社債を購入した債権者を保護するという目的で社債を発行した企業を監督・監視する「社債管理会社」を置かなければいけないという足かせがあった。その場合には通常、メーンバンクが社債管理会社を務め、相当の受託手数料を請求していた（一九八二年の商法改正で、社債管理会社を置かなくても社債を発行できるようになっていたのだが、あくまで慣例としてその制度が残っていた）。

ユーロ市場で社債を販売する

ソフトバンクに入社した北尾は、社債管理会社を置かず、一般的な財務管理人の業務を野村信託銀行に依頼して、ユーロ市場で社債を販売する方法を採用する。これは、メーンバンクである興銀への決別を意味するだけではなく、日本の金融秩序を乱す大事件となった。

日本の金融業界は、大蔵省の指導で、いわゆる「護送船団方式」といわれるシフトを敷き、銀行間の競争を事実上制限していた（船団を護送する場合には、全体の進行速度を最も遅い船の速度に合わせる必要があるので、この言葉が使われている）。したがって、法律や行政指導だけではなく、いわゆる金融業界の慣例というものが重要視された。その慣例を破ったのが、公開間もないソフトバンクであり、慣例を破らせてしまったのが、興銀であったのだ。

ここで、興銀の歴史を簡単に見ておくと、興銀は、日清戦争後、産業資本の需要の高まりに応じて、一九〇〇年交付の日本興業銀行法に基づいて設立された。一貫して産業資本の担い手として日本の重工業を育成してきた。日中戦争期においては、軍需融資の中心機関でもあった。戦後においても興銀は、「銀行の中の銀行」であり、銀行業界の盟主を自他ともに認めていた。

二〇〇〇年四月、不良債権問題の処理と合わせて、興銀は富士銀行及び第一勧業銀行との三行合併をすることによって姿を消すことになる（みずほ銀行となる）のだが、その幕引きの第一弾は、この北尾の行動にあったと言っても過言ではない。また、それは、大蔵省による護送船団方式の終焉を意味し、日本の企業を支えてきたメーンバンク制への警告、さらに、企業が駆動的な資金調達を目指し、欧米のように間接金融から直接金融へのシフトを図ることを意味していた。

北尾は、大学時代54科目中、A評価を取ったのが49科目もあったそうである（恥ずかしながら、著者も同じ大学の同じ学部卒であるため、この成績がいかに凄まじいものであるか充分に理解できる）。北尾は、その好成績により三菱銀行の内定を得るが、その内定を断り野村證券を選択する。下宿にまで足を運んで勧誘してくれた先輩や社員を意気に感じてとのことと本人は説明しているが、野村を薦めてくれたのは、父親とゼミの担当教授の二人だけだったそうである。北尾が就職活動をしていた時代は、メーンバンク制の下、金融と言えば銀行だったのである。この北尾の就職時の選択が、その後の日本の経済システムの流れを暗示しているようである。

3 拡大路線に立ち込めた暗雲

孫と北尾のコンビは、北尾の入社後、証券市場からおよそ5000億円もの資金を調達し、この資金を元手に憑かれたように企業買収を行っていく。

その当時における日本のM&Aに関する状況を説明すれば、海の向こうではM&Aが盛んになっているという情報は届いていたが、日本において会社を買取するというのは、倒産しそうな会社が身売りする時ぐらいであった。したがって、経営の中心としてM＆Aを戦略的に行う企業は皆無に等しかった。

一九九五年のジフ・デービス社。一九九六年には、メモリメーカーのキングストン・テクノロジー社。また、同年、オーストラリアのメディア王ルパート・マードックと組んでテレビ朝日（これは、朝日新聞グループが反発したため、結局、同グループに買い戻される）。二〇〇〇年には、経営破綻した日本債券信用銀行（現・あおぞら銀行）と、主要な買収案件だけでも枚挙にいとまがない。そして、このようなM＆Aによる拡大路線が功を奏し、二〇〇〇年二月にはソフトバンク株が198000円の高値を付けて、株式の時価総額が日本においてトヨタ自動車に継ぐ第2位までになった。

「発表会経営」のゆくえ

同社のとった戦略は、「時価総額極大化経営」と呼ばれた。また、記者発表会を頻繁に開いては新事業のプランをぶちあげて株価を高騰させ、その高い株価をバックに、さらに資金を調達して企業買収を進めていくというその経営手法は、「発表会経営」と揶揄されたりもした。

一九九九年一〇月二五日号の「日経ビジネス」のインタビューにおいて、孫は次のような大胆な発言をしている。

「(前略)ただ、実際のところ、ソフトバンクはそんなことに興味はない。唯一最大のモノサシは、株式時価総額で示される「企業価値」です。連結(損益計算書)の売上高も興味はゼロ。連結の人数も興味ゼロ。連結(損益計算書)の経常利益も興味ゼロ。キャッシュ・フローも興味ゼロ。」

ここまでくると、同社は、企業経営をしているというより、公開企業という特徴を使って証券市場から資金を集めて、投資活動をしているにすぎず、それは、まるで会社型の株式投資信託を行っているのと同じように見える。このような疑問に対して、孫は、以下のように反論した。

「普通の会社型投信は、戦略的に株式を保有しません。(中略)儲かる株には何でも突っ込みます。それに普通の投信は、一企業で株はせいぜい5%程度しか持ちません。(中略)我々は、出資先をインターネット関連分野に絞り、一つの会社に20~35%ぐらいまでに出資する。経営に影響を与える程度は出資し、それでいて経営をコントロールしないのです。」

この発言からも、孫という経営者の危うさと、その一方で、先見の目の確かさが感じ取れる。このインタビューが行われたのが、一九九九年であるということを忘れてはいけない。今でこそ、インターネットは社会にとって必要不可欠な存在になっているが、その当時は誰もここまでインターネットが一般大衆に利用されるとは思ってもいなかった。事実、日経ビジネスの記者も「もし、米国のインターネット・バブルが弾けたらソフトバンクは大丈夫なのか？」という素朴な質問をしている。この質問に対して、孫は「我々は、すべてのヒト・モノ・カネをインターネット一本に絞ると公言しています。ですからインターネットがこけたらソフトバンクは駄目になるという声は全く的を射ているし、一切弁解するつもりはありません。ですが、僕は「インターネットはこけない」と言っている。文字通り全財産をかけてね（笑）。」

孫の〝ビジョン〟と北尾の〝戦術〟

孫は卓越したビジョナリーである。しかし、決して実務をこなしていくタイプではないと言われている。孫のビジョンを実現するため、ありとあらゆる戦術や手法を駆使して辣腕をふるったのが北尾であった。実は、私は、会計士として、この頃の北尾の仕事を手伝った経験がある。彼は、買収しようとしている企業の調査（「デュー・デリジェンス」と言う）をするため、投資銀行、弁護士、会計士の総勢数十名からなるチームを、ワイシャツにサスペンダーという姿で陣頭指揮をとっていた。時価総額極大化を唱える孫とは対照的に、買収しようとしている企業のキャッシュ・フローの予想値にこだわっていた姿が非常に印象的であった。

ネットバブルは二〇〇〇年春にあえなく崩壊する。ネットベンチャーの株価に依存していたソフトバンクも苦境に陥った。しかし、この苦境を支えたのが、ヤフーであった。ヤフーの創業者は、台湾出身のジェリー・ヤンとデビッド・ファイロである。二人が初めて孫にあった一九九五年には、彼らは共に27歳で、半年前まではスタンフォード大学の大学院生であった。グーグル社と同様に、ヤフーも社員が5、6人のガレージ・カンパニーに過ぎなかった。孫はその場で5%の出資と、ソフトバンクが60%の保有比率で日本法人を設立することを決めたといわれている。また、翌年には、同社の35%の株式を100億円で購入している。ちなみに、その当時のヤフーの売上げは約2億円であった。その後、ヤフーは米国で上場し、また、ヤフー・ジャパンも日本で上場し、苦境に立たされたソフトバンクの財務状況を支えた。

孫がヤフーに出資を早断した当時は、インターネットの利用者は一部の特定の若者に限定されていたし、検索エンジンがビジネスになると確信できた人間は、少なくとも日本にはいなかったはずである。ここでも孫の眼力の凄さは証明される(3)。

孫・北尾のコンビで実行した一連の米国の情報・通信関連企業の買収は、ソフトバンクという会社の規模こそ増大させたが、投資案件として失敗したものも多い。しかし、結果的ではあるが、ヤフーという金の卵を探り当てたことも事実である。ソフトバンクとヤフーの関係は、偶然だったのか必然だったのか、評価が分かれるところであるが、コムデックス等の買収が無かったら、ヤフーに辿りつくこともなかっただろうし、仮に辿りつけたにしても、その将来性に気づくことはなかったのではないだろうか。

4 孫と北尾の別れ

孫の庇護者と言われる元シャープの副社長の佐々木正は、こんな言葉を残している(4)。「孫という登山家にはその時々にシェルパがいるんですわ。そして、そのシェルパは上に進むたびに代わるんですわ」

シェルパとは、登山家のための荷役・案内人のことである。佐々木の言葉は、「孫というCEOのためには、その時々にCFOが必要です。そして、そのCFOは孫が立ち向かう経営目標が代るたびに代る」とでも言っているようである。事実、孫は、同社の財務管理の責任者として、創業時には野村證券出身で元日本警備保障（現セコム）の副社長だった大森康彦を招聘し、株式公開時には、東京証券取引所出身で日本勧業角丸証券の公開引受部長であった小林稔忠を招聘している。そして数々のM&Aを伴に手がけてきた北尾とも一線を引くようになる。

一九九八年、ソフトバンクは持株会社制を導入することを決定し、本体は、純粋持株会社へ移行するとともに、各事業部門を子会社として分離独立させることを表明していた。これに伴い、北尾は自分が統括していた管理本部の55名を率いて、ソフトバンク・ファイナンスという子会社を設立する。北尾は、この会社で、インターネットを基軸とする金融事業を行うことを考えていた。金融業というのは、商品の物理的な移動を伴わない、数字やデータが取引されるだけであるので、基本的には情報産業といってもいいくらいの情報集約的なビジネスであり、インターネットと非常に親和性があると北尾は考えていた。北尾のこの読みは見事に当たり、例えば、当時考えもしなかったネットによる株式売買が、今や株式売買の主流となっているように、子会社とはいえ、着実にその事業の基盤を作りあげていった（グループ企業の「イー・トレード」はオンライン証券の中でトップのシェアを有している）。これに伴って北尾の軸足は、徐々にソフトバンク本体からソフトバンク・ファイナンスへと移っていく(5)。

一方、孫は、二〇〇三年に買収したあおぞら銀行株を米国の投資ファンドに売却する。売却で得た資金をブロードバンド事業（ソフトバンクＢＢ）の運転資金として投入する。これにより、ソフトバンクの通信ビジネスは投資家からも評価を得られるようになる。資金的なメドもたつようになり、一時の危機は完全に脱していく。そしてその後同社は、二〇〇四年の日本テレコム買収、二〇〇六年のボーダフォンの日本法人の買収を経て、電話事業への参入が進み、ＮＴＴグループと互角の通信総合企業へと脱皮しつつある。

5 SBIの独立

北尾の現在の肩書は、SBIホールディングス株式会社（SBI）の代表取締役兼CEOである。欧米の多くのCFOがそうであるように、北尾もCFOを卒業してCEOとなっている。SBIはソフトバンク株式会社の子会社であるソフトバンク・ファイナンス（のちのソフトバンク・エーエム、現在はソフトバンクテレコム株式会社）の子会社であったが、二〇〇六年八月に、ソフトバンク・エーエム株式会社が保有するSBI株を全株ゴールドマンサックス証券に売却した。このことにより、SBIは、資本的には完全にソフトバンクとの関係はなくなっている。

ソフトバンク本体と同様に一時は苦境に陥っていたSBIだが、二〇〇三年ごろから急激に経営状況が復調するようになった。ブロードバンドの普及を背景にネット業界が息を吹き返し、投資先から資金を回収できるようになったからである。

私は、この本を書くにあたって、紹介するCFOのうち一人はどうしても日本人から選ぼうと考えていた。しかし、残念ながらその活躍の状況を確認できる日本人のCFOはいなかった。私の頭の中に北尾の名前が浮かばなかった理由は、すでに北尾は、SBIという上場企業のCEOとして活躍していたことと、ソフトバンク時代、彼の肩書は「常務取締役管理本部長」であって、実際にCFOという肩書を用いていたかが不明であったためである。しかし、彼の著書である「進化し続ける経営」（東洋経済新報社）の中で、一九九八年の後半の頃の自身の様子を思い出して、「孫正義氏の戦略参謀かつソフトバンクのCFOとして、数々の大型買収、提携などを手がけていた」という記述（同書 14ｐ）を見つけたので、安心して彼を紹介することにした。

6 ホワイト・ナイト（白馬の騎士）としての登場

二〇〇六年三月二四日、北尾は緊急記者会見を開いた(6)。それは、SBIがフジテレビとニッポン放送との共同出資により設立するファンドについての説明をするためであった。同ファンドは、主に映像や音楽、出版などのコンテンツ事業、メディア関連事業、ブロードバンド事業を行うベンチャー企業へ投資するものであった。また、北尾は、同ファンドの設立にあたり、ニッポン放送が保有するフジテレビ株式を、消費貸借によってSBIが借り受けることも発表した。

ライブドア対ニッポン放送・フジテレビの争いが注目を浴びている中で、北尾は、「ホワイト・ナイト（白馬の騎士）」と呼ばれるようになった。ホワイト・ナイトとは、買収をかけられた会社の経営陣が、敵対的で自分たちを追い出すおそれのある買収者よりも、友好的

■ 図2-1　**株式の消費貸借**

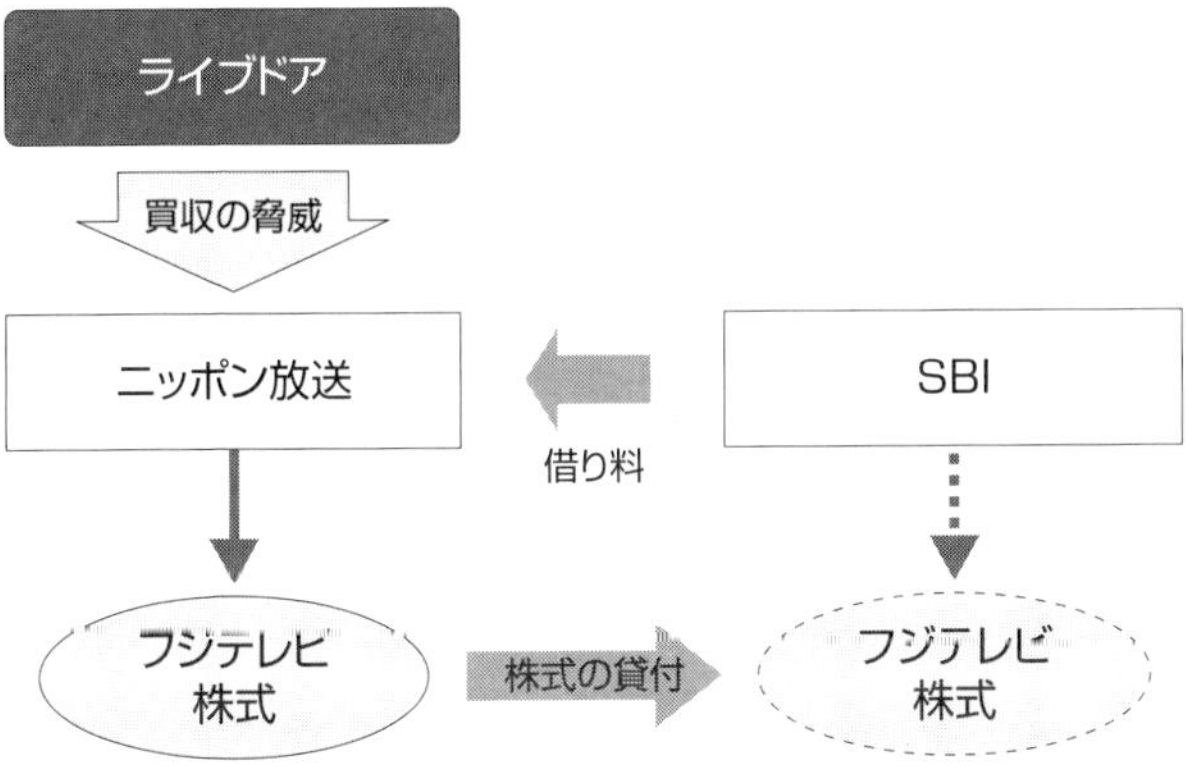

な別の会社に自分たちに有利な条件で買収してもらいたいと望む時、そのような友好的な会社のことをいう。

北尾氏は、フジテレビの筆頭株主になることについて、「一緒に組んでいく中でより密接な関係を築くために株の持ち合いや資本提携をするのはオーソドックスな手法だ」としたうえで、「ただし、実際に資金を動かすとなるとニッポン放送は、環境的にも税務的にも大変だし、フジテレビにしてもガバナンスの安定に注力する現状では難しい。その結果、株券消費貸借という形を採ることで合意した」と、今回の株式の消費貸借が一連の買収騒動とは無関係であると説明した。

コロンブスの卵

北尾は、「ホワイト・ナイトを買って出る

ことはない」と何度もライブドアとの問題によってファンドを設立したわけではないことを強調したが、ニッポン放送をめぐるライブドアとフジテレビの問題に話がおよぶと、「私には今回の問題を解決する大人の知恵がある」と言い、「敵対的買収は好ましくない。米国でも10年前にいろいろ流行ったが、買収する側とされる側ともにそのほとんどが何も得ることがなかった」と不快感をあらわにしたそうである。

本人は否定しているが、これは、敵対的買収を受けている会社が対抗策として使う、クラウン・ジュエル（Crown Jewel）という作戦と同じ効果を有している。この対抗策は、一般的には、被買収企業の中で、最も魅力的な事業や子会社を売却することによって自らをより魅力のないものにする手段であるが、北尾は、買収資金も使わず、「株を借りる」というコロンブスの卵のような手法で、これと同じ効果を引き出した。その後、ライブドアとニッポン放送は和解に至るので、この策が現実に使われることはなかったが、さすがにM&Aのプロであると言わざるをえない。

7 徳を説く経営者

北尾は、強面な外見で、しかもはっきり物を言うタイプである。また、野村證券出身者でM&Aの専門家、さらに、孫とともに良くも悪くも、日本の既存システムをことごとく打破してきた。北尾は、今までの日本にはいなかったタイプの人間なのかもしれない。彼は、欧米のビジネスの成功者がするように、次の世代の人たちのための教育に力を入れており、最近では次のような本を書いている。

・「中国古典からもらった「不思議な力」」（二〇〇五年三笠書房）
・「何のために働くのか」（二〇〇七年致知出版社）
・「人物をつくる―真のリーダーに求められるもの」（二〇〇七年ＰＨＰ研究所）

これらの本の題名からもわかるが、彼は、知育より徳育の重要性を説き、中国古典を好み、「徳」を重視している。優れたＣＦＯになるためには、その専門性の前に、人間性がまず重要だということであろう。

（1）この章を書くにあたっては、主に、ＳＢＩホームページ、「幻想曲」（児玉博著　二〇〇五年　日経ＢＰ社）の情報を参考している。
（2）北尾のソフトバンクにおける業績は、「幻想曲」のｐ１７４からｐ１８５を参考にしている。
（3）同書ｐ１９７参照
（4）同書ｐ１７２参照
（5）北尾のＳＢＩにおける業績は、「進化し続ける経営」（北尾吉孝著　二〇〇五年　東洋経済新報社）を参考にしている。
（6）CNET JAPAN 二〇〇五年三月二四日の記事に基づいている。

コラム 「三行だけの合併調印書」

今でこそ、日本においてもM&Aは、普通に行われるようになっているが、ソフトバンクが米国で大型買収を行っていた頃には、その言葉だけは浸透しつつあったが、本格的にM&Aをする日本企業は少なかった。

そんな時、ある朝、新聞を読んでいると、私が関与していた上場会社（守秘義務があるので、A社とする）と異業種のB社が合併することを決定したという記事を目にした。事務所に行くと、A社の経理部長から「とにかく早く会社に来て欲しい」との連絡があった。

この合併計画は、A社とB社のトップ二人で決めたことであって、経理部長はもちろん、その他の役員にも寝耳に水だったとのことである。私たちは、顧問弁護士を入れて合併のために必要な手続きを話し合った。

結局のところ、3か月後に、この合併話は無くなった。そして、その時になって初めて経理部長が、恥ずかしそうに1枚の紙を私たちに見せてくれた。それは、A社とB社の「合併調印書」であった。書いてあった内容は、以下のように三行だけであった。

1. A社とB社は、速やかに合併する。
2. 合併後の会社は、X氏（A社の社長）を会長とする。
3. 合併後の会社は、Y氏（B社の社長）を社長とする。

経理部長もこの「合併調印書」を我々に見せるかどう迷ったそうである。あれからすると、今の日本におけるM&Aの状況は、隔世の感がする。

第3章 ディズニーのアイドルCFO

1 映画「プリティ・ウーマン」

「プリティ・ウーマン」というディズニー映画（正確にはディズニー社傘下のタッチストーン・ピクチャーズの制作）を観たことがあるだろうか？ストーリーは、リチャード・ギアが扮する乗っ取り屋のエドワードが、ふとした言葉の行き違いから恋人と別れた夜、ハリウッドの路上で道案内を頼んだジュリア・ロバーツが扮するストリート・ガール、ビビアンと恋に落ちるという、一九九〇年の全米第1位のヒット映画である。

乗っ取り屋のエドワードの手法は、資産は保有しているが株価の低い会社を買収して経営権を取得した後に、その会社の保有資産を切り売りして、最終的には、株の買収金額以上の現金を手にするものである。この映画を観たことがないのなら、軽快なテーマ音楽にマッチした心地よいラブ・ストーリーであるし、M&Aの勉強をするのにもいい教材であるので、観ることをぜひ薦める。

私はこの映画が封切られた頃、米国で勤務しており、偶然にもディズニー社の歴史を調べていた。ライブドアによるニッポン放送の買収で、日本でも頻繁に取り上げられるようになったグリーン・メーラーやLBOといった、M&Aに関する用語を私が初めって知ったのは、ディズニー社の歴史の中であった。ディズニー社のイメージからは想像しにくいことだが、同社は、まさにこの映画と同じようにエドワードのような乗っ取り屋から、グリーン・メールを受け取っていた時代があったのである。

ちなみに、グリーン・メーラーとは、標的とする企業の株式を買い集め、その企業や関係者に高値で買い取りを迫る買収者を指す。通常、買い集めた株を、高値で買い取ってもらうことで、投下した資金を回収し、投資収益を上げることを狙う。英語のブラック・メール（脅迫状）と、ドル紙幣の色が緑色であるのをかけて、このような表現がとられている。

ディズニー社は、ウォルト・ディズニーという偉大な創業者が抱いた夢を実現していくという光の部分と、敵対的買収からの防衛という影の部分とが複雑に絡み合った歴史を有している。少し長くなるが、同社の歴史を概観してみる(1)。

2　グリーン・メールを受け取ったミッキー・マウス

ウォルト・ディズニーは、一九〇一年にシカゴで生まれた。曽祖父はアイルランドからの移民であった。一九二〇年に19歳で初のアニメ作品を手がけ、その後も、アリスシリーズ、オズワルドシリーズといった人気アニメシリーズの制作を手がけた。ディズニー社の設立の理由は、うさぎのキャラクターであるオズワルドの版権が、すべて配給側のユニバーサル映画のものになったという過去の苦い経験からきたものである。したがって、同社は、自社作品の著作権保護には大変熱心で、しばしばその過剰さが批判される。ウォルトも著作権にはかなり敏感で、ウォルトの死後も会社の方針として残り続けている。アメリカの著作権法は、同社のミッキー・マウスら主要なキャラクターの著作権が切れる直前に何度も保護期間が延長されており、皮肉を込めて「ミッキー・マウス保護法」と呼ばれている。

ウォルトは、同社の設立にあたり、7歳年上で銀行勤務経験のある兄のロイを招いた（ディズニー社の元々の名前は、「ディズニー・ブラーザーズ・カートゥーン・スタジオ」であった）。しかし、二人の関係は必ずしもうまくいかなかった。妥協を許さぬクリエーターである弟と、資金繰りに奔走する兄は、たびたびぶつかった。この二人の不仲が、後々の同社に起こる陰の部分の原因を作り出していく。

TVの成功と「ディズニーランド」の入園者の増大

一九二八年、オズワルドに代わる人気キャラクターとしてミッキー・マウスが生み出された（初期の映画では、ウォルト自身がその声優を演じていた）。まだアニメーションが、実写映画の合間に上映される子供向けの息抜きという認識であった時代に、世界初の長編カラーアニメ「白雪姫」を手がけている。そして、ウォルトは、自分の夢を追い求め、一九五五年にはカリフォルニア州アナハイムにディズニーランドを開設する。これによって、同社の資金繰りは非常に厳しくなる。しかし、ABCテレビがこの窮状を救う。ABCテレビは、同社への増資に応じるとともに、TV番組「ディズニーランド」に莫大な放映権料を払ってくれた。このTV番組はディズニーランドの格好の宣伝となり、ディズニーランドの入園者が増加するという好循環をもたらした。

ディズニーランドの成功に気を良くしたウォルトは、さらに大きな夢の実現に奔走する。一九六五年、ウォルトは自身でエプコット（エクスペリメンタル・プロトタイプ・コミュニティ・オブ・トゥモロー）という名を付けたパーク（米国の産業の創造性と未来の都市の生活をテーマとする）をデザインし、フロリダ州の中心にマンハッタンの2倍にもなる敷地を買い、このエプコットセンターの他、ディズニーランド、ホテル等を取り入れた「ウォルト・ディズニー・ワールド・リゾート」の建設を開始する。

ウォルトの死とその後の「ディズニー」

しかし、一九六六年一二月、ウォルトはその完成を見ないまま死去する。ウォルトの死後、会長職は兄のロイに移った。ウォルトには、息子がいなかったが、義理の息子である元アメリカン・フットボールのプロ選手であるロン・ミラーに目をかけていた。一方、兄のロイには、ロイ・E・ディズニーという息子がいた。社内は創造性を尊重する「ウォルト派」とビジネスに重点を置く「ロイ派」に割れていったが、この二人の確執が社内の派閥関係を象徴する形となった。

一九七一年のロイの死後は、ウォルト側近のカード・ウォーカーが跡を引き継ぎ、一九七七年にミラーがプロダクション部門の責任者に就任すると、ロイ・E・ディズニーは役員を辞任した。しかし、会社の実権を握った「ウォルト派」の後継者たちは、偉大な創業者が失った企業が陥る例に漏れず、過去の創業者の遺産を守るという守りの経営に終始するようになる。

常識にとらわれず思い切ったことをやるのが、ディズニー社の特徴であったが、そのような冒険をする者はいなくなった。観客の嗜好が変わっているにもかかわらず、ディズニー社の方が変わっていかなかったのである。しかも、エプコットセンターの建設費が予算をはるかに超え、その資金を捻出するために、莫大の借金をせざるをえなくなっていた。そんな状況の中で、株価は暴落した。一九八三年二月、その責任を取る形でウォーカーは、会長職を辞任し、50歳のミラーがCEOに選任された。

これに対して、在野に屈していたロイ・E・ディズニーは黙ってはいなかった。彼は、同社に対してTOB（公開買い付け）を開始して、ミラーを会社から追い出そうと画策した。しかも、その株式購入の資金の提供を裏で約束していたのが、当時金融市場で悪名を馳せていたマイケル・ミルケンであった（彼の名前は、第5章で説明するエンロン事件で再び出てくる）。しかし、ミルケンの計画は、ディズニー社を解体して、同社の保有している資産を切り売りするものだった。この手法は、まさに、映画「プリティ・ウーマン」のエドワードが行っていた手法と同じである。さすがのロイ・E・ディズニーも、叔父や父が築いた同社の歴史を自分が終わらせることまではできず、同社の乗っ取りをあきらめる。

お家騒動を超えて

しかし、このお家騒動を乗っ取り屋たちは見逃さなかった。ミルケンの野望を、ニューヨークのソール・スタインバーグが引き継ぎ、一九八四年五月にディズニー社の株式の49％を取得する意向を発表する。ディズニー社の役員たちは、モルガン・スタンレーを顧問として、ホワイト・ナイトを捜そうとした。当初は、同社とビジネス上の関係が深い、コダックやコカコーラを想定したがうまくいかず、そして競争相手であるMCAにまでにも接触していた。最終的には、シッド・バースが保有する不動産開発会社であるアーヴィーダ社に白羽の矢が立った。アーヴィーダ社と共同で事業ができるなら、ディズニー社が保有するフロリダの土地を有効に利用できると考えられたためであった。アーヴィーダ社の株式とディズニー社の株式の交換が行われ、ディズニー社はアーヴィーダ社の株式を所有し、反対にバースはディズニー社の株式の8・9％を所有する大株主となった。

バースを中心に、スタインバーグの行動を封じるため、一九八四年六月には3億2500万ドルを投じて、彼からディズニー社の株式を買い戻した。そして、疲弊していたディズニー社を再建すべく、経営陣の刷新が計画された。

3 「チーム・ディズニー」の結成

パラマウントからやって来たアイズナー

ディズニー社の再建を託されたのは、元パラマウント映画社長のマイケル・アイズナーであった。彼は、一九四二年に、ニューヨーク州マウントキスコで生まれた。デニソン大学に入学し英文学の学士を取得する。その後、NBCやCBSを経て、ABCのバリー・ディラーに力量を買われ、一九六六年にABCテレビへ入社する。テレビ番組の制作に従事し、米国三大ネットワークで視聴率最下位だったABCを一位に押し上げ最終的には上級副社長にまで昇進する。一九七四年に上司であったディラーがパラマウント映画の会長として移籍し、一九七六年にアイズナーを同社の社長兼CEOにスカウトした。パラマウント映画在職中彼は、「サタデー・ナイト・フィーバー」や「スタートレック」、「レイダース／失われたアーク」、「ビバリーヒルズ・コップ」といったヒット作を飛ばし、低迷していたパラマウント映画を高い収益を上げることができる会社に成長させた。

ディズニー社のCEOとなったアイズナーは、優秀なCEOが必ずするように、優秀なCFOを見つけ出し、一刻も早く新しい「チーム・ディズニー」を組成しようと考えた。

ゲリー・ウィルソンの役割

私は、一九八〇年代の後半からロサンジェルスの会計事務所に勤務をしており、あるプロジェクトに関連して、ディズニー社と仕事をする機会を得ていた。その時、米国人の同僚から同社に関する仕事をしていることを非常に羨ましがられた。その同僚は、ハーバード・ビジネス・レビュー誌やフォーチュン誌を私に見せて、このような人間になるのが自分の夢だと熱く語った。その同僚の憧れの人物こそが、ディズニー社のCFOとなるゲリー・ウィルソンであった。同社の担当者から何度も彼の名前を聞いたが（それは手厳しい交渉相手のボスとしてではあるが）、ついぞ彼に会うことができなかった。しかし、彼こそが私にCFOという職業を意識させてくれた人物であり、会計の専門的知識をもって創造性を発揮すれば、企業の経営にも関与できることを教えたくれたいわば私のアイドルである。この本を書こうという動機も、彼の存在を意識したためである。

ウィルソンは、一九六二年にデューク大学で会計学を専攻して卒業した後、63年にはペンシルバニア大学ウォートン校でＭＢＡを取得する。しかし、ＭＢＡホルダーには珍しく、最初に就職した企業は、フィリピン系の小さな会社であった。彼はここで10年間働いて、財務や商品取引等の様々な仕事を経験する。後に彼は、ここでの幅広い経験が視野を広げ、創造性を発揮するための貴重な訓練となったと話している。その後、彼は当時まだ中堅企業にすぎなかったマリオット社に就職する。彼は、ＣＦＯとしてマリオリット社を全米屈指のホテル事業会社に育てていく(2)。

ウィルソンのディズニー社のＣＦＯとしての雇用契約は破格であった。50万ドルの給料と３００万ドルのボーナスに加えて、55万株分のストック・オプションが与えられた(3)。

当時のディズニー社は、敵対的買収に対する防衛作を考えることで会社は疲労していたし、経営用の資金が企業防衛のために使われて、重要なテーマパークや映画部門の改善が遅れていた。

映画部門は、アイズナーとその弟子のカッツェンバーグ（後にスピルバーグらとドリームワークスを創業する）が、その創造的な才能を発揮していた。ウィルソンには、マリオット時代に培った不動産に対する能力を、テーマパークの再建に発揮してもらいたいと期待されていた。

4 マリオットホテルの戦略

マリオット社は「居酒屋」から始まった

マリオット社は、一九二七年に、J・ウィラード・マリオットとヒュー・コルトンという二人の男によるノンアルコール・ビールを扱う居酒屋（店名・ホットショップ）の開業を、その源とする。この居酒屋は順調に業績を伸ばし、一九三七年には、飛行機の機内食事業に進出する。そして、一九五七年には第1号となるホテルを開業する。一九六六年の時点では6軒だったホテルも一九七七年を境に急激にその数を増やし、一九八一年には100軒目を突破する。

マリオット社が急激にホテルを増やした理由は、ウィルソンとその弟子であるアル・チェックの考えた手法によるものだった。ホテル事業を分析すれば、①ホテルという不動産を保有する投資事業と②宿泊客、レストランやバー、宴会場を運営するホテル経営、という二つの分野から成り立っている。必要な資金の観点から二つの分野を分析すると、①は、土地を購入し、ホテルという建物を建設しなければいけないので、多額な資金が必要となる。一方、②に対しては、運転資金のみなので、比較的少額の資金ですむ。資金の効率性から考えると、ホテル施設を所有している大家がいて、ここでホテル経営を行うことができたら（もちろん、

■ 図3-1　ホテル事業の分析

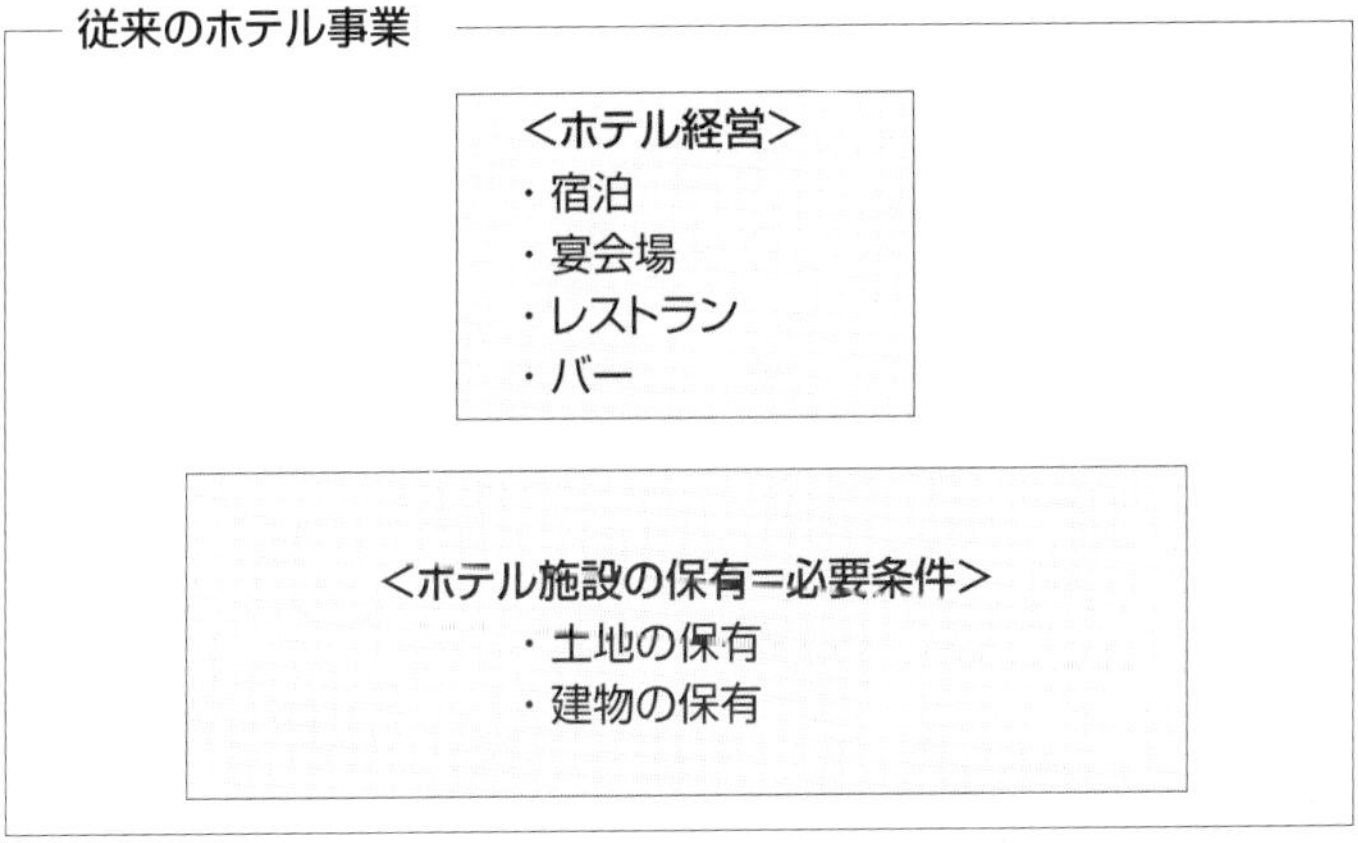

大家にはホテル施設を利用するための賃料を払うが)、これほど効率なことはない。二人のとった戦略は、ホテル施設を投資家に保有させ、マリオット社をホテル経営のみに専念させることであった。

減価償却を学ぼう

それでは、どうして投資家は、ホテル施設を購入することを望むのだろうか?それを理解するためには、減価償却とパス・スルーという概念を理解しなければならない。

減価償却は会計用語である。この本は、簿記や会計の未履修の人に、CFOという職業の魅力を説明するものである。しかしながら、ここでは減価償却の概念を簡単に説明しなければならない。資産は、骨董品や美術品を除いて、使用や時間の経過とともに価値が下がる。ホテル施設も同様である。しかし、ホテル施設を購入した時にその購入金額の全額をその年の費用とすると、その年だけが大赤字となってしまう。会計では、ある年度の費用とする金額は、企業の経営活動に貢献するためにモノやサービスが費消されて消滅した価値であると考える。例えば、ホテル施設の取得のために50億円かかって、その施設の使用可能期間（耐用年数と言う）が50年とすると、毎年の費用（減価償却費）は年額1億円となると考えるのである(4)。

「持たない経営」のスキーム

ウィルソンとその弟子であるチェックの考えた手法のポイントは、リミテッド・パートナーシップという事業形態を利用したことにある。パートナーシップとは、共同の事業を行う組合である（日本でも、最近「有限責任事業組合」という同様の制度が導入されている）。その事業形態を採用した理由は、投資家の節税である。投資家が通常の会社に出資をした場合には、会社で赤字が生じても、出資者の課税所得の計算上、その赤字を利用することはできない。しかし、パートナーシップ（組合）で赤字が生じた場合には、その赤字はあたかも出資者の行う事業で生じた損失としてみなされて、パートナーシップ（組合）への出資割合に応じた赤字の金額を、自己の課税所得から控除することが認められる。このように、課税計算上、パートナーシップ（組合）で生じた損益を、投資家の損益とすることをパス・スルー

■ 図3-2　マリオット社の戦略

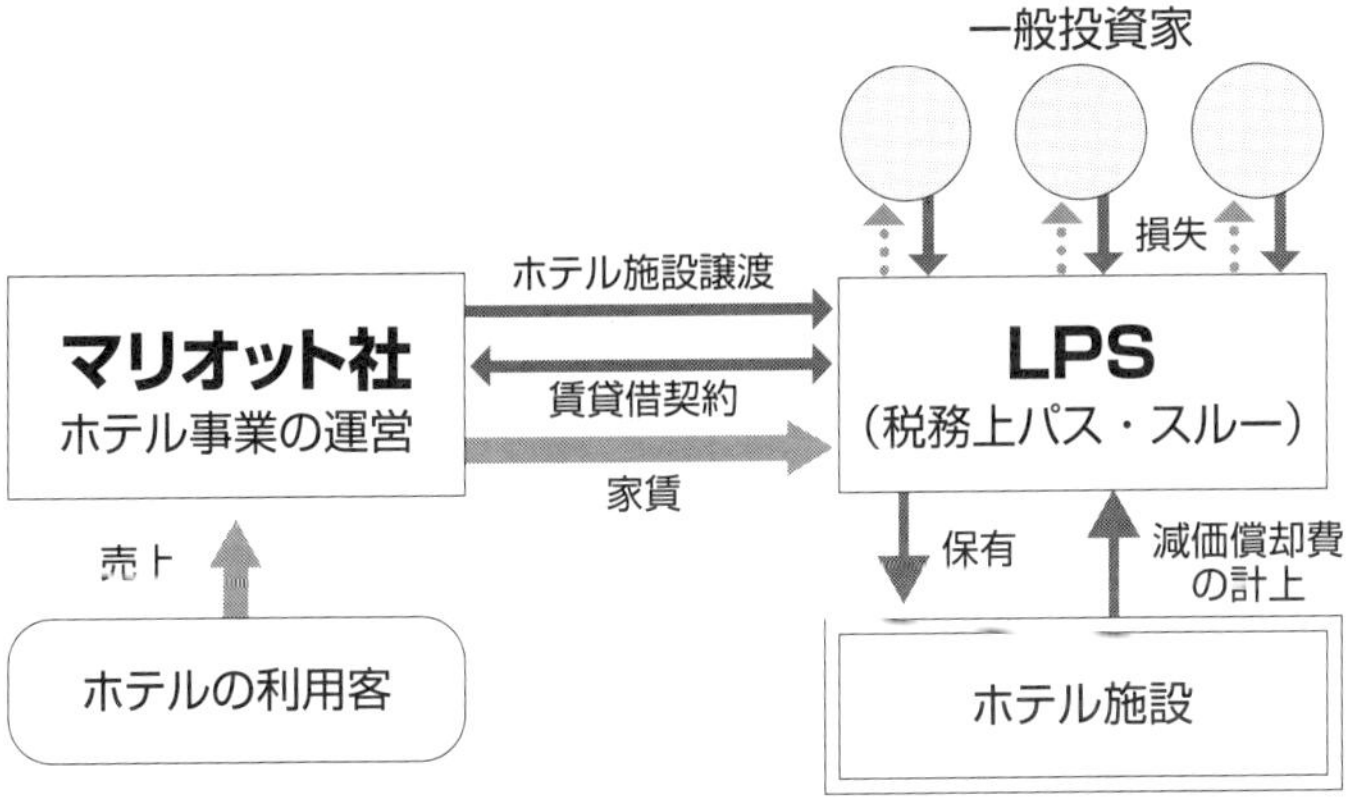

（導管）機能と呼ぶ。米国の税務上、パートナーシップにはこのパス・スルーが認められている。

マリオット社が建設したホテル施設は、リミテッド・パートナーシップに譲渡され、マリオット社に賃貸される。例えば、マリオット社から得る賃貸料が年間6000万円で、ホテル施設から生じる年間の減価償却費が1億円であり、リミテッド・パートナーシップの投資家が10人いたとすると、ある投資家の課税所得の計算上、400万円（（6000－10000）÷10）の損失が控除できるのである（しかも、ホテル施設のような固定資産には、税務上加速度的な償却を認めているケースが多いので、投資してから間もない頃の実際の節税効果は、更に高くなる）。

この二人によって考え出されたスキーム

は、投資家に節税効果というメリットを与えることにより、ホテル施設を購入させ、マリオット社は、ホテル事業のうち、多額の資金が必要となる不動産の保有という事業リスクから開放され、ホテル経営に専念できることになる。その結果、マリオット社は、二〇〇〇年の時点で2000軒のホテルを経営することになる。

5 東京ディズニーランドVSユーロ・ディズニーランド

ディズニー社のビジネスにおいて、もっとも莫大な資金が必要となるのは、テーマパークである。同社に対する敵対的買収騒ぎも、元々はウォルト派とロイ派という兄弟喧嘩に端を発しているが、財務的にはフロリダのウォルト・ディズニー・ワールド・リゾートの建設資金が、乗っ取り屋たちに攻撃させる隙を与えた。

CFOとなったウィルソンは、マリオット社の時代に行ったように、テーマパークを他者に保有させる財務戦略を採用すると思われた。しかし、彼は、いち早く、テーマパークは自社で保有する戦略をとる（その理由は後述する）。そのような迅速な判断を下せたのは、彼が入社前にすでに同社の状況をよく理解していたからである。なぜなら、一九八四年にスタインバーグがディズニー社に敵対的買収を計画していた時、それに一口乗った方がマリオッ

■ 図3-3　東京ディズニーランドの仕組み

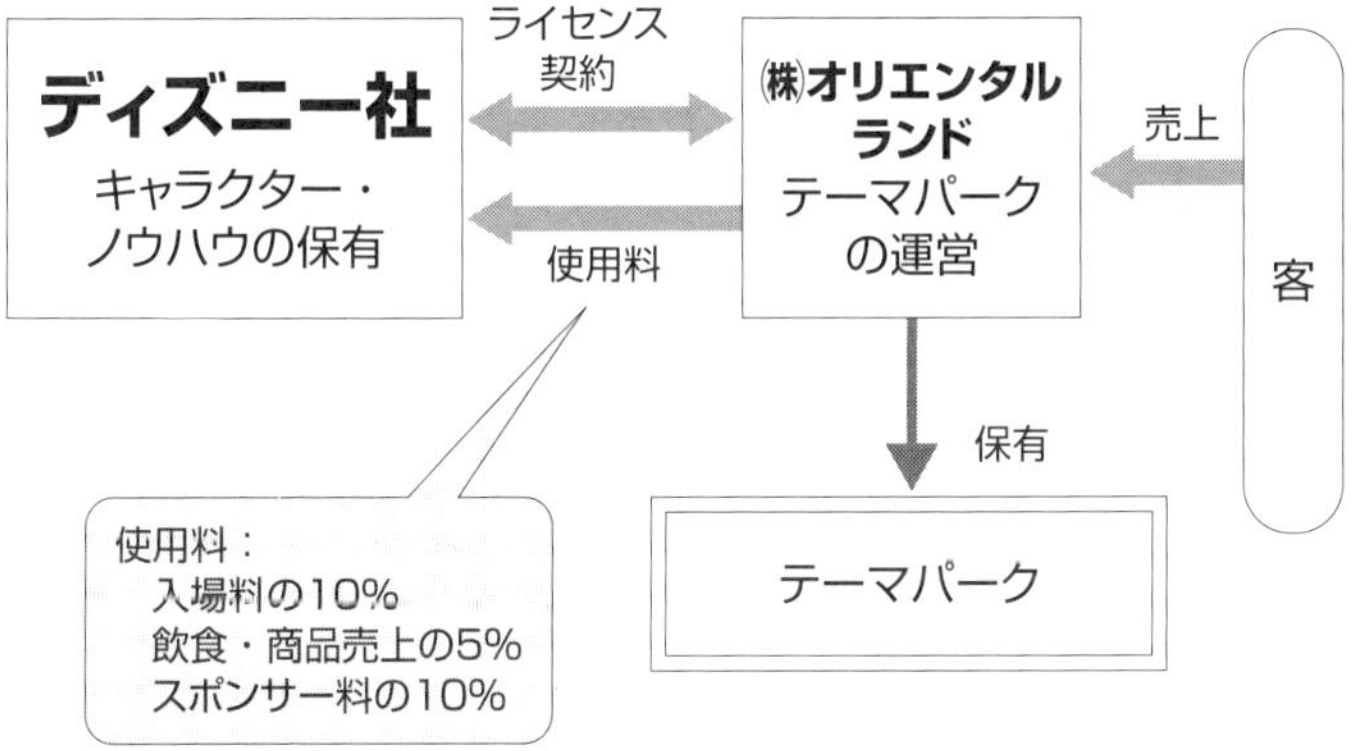

ト社のためになると、ボスのビル・マリオットを説得していたためである。

東京DLはライセンス方式

ところが、彼がディズニー社に入社した頃には、すでに東京ディズニーランドはディズニー社の直営ではなく、ライセンス方式で運営されていた。

東京ディズニーランドの建設計画当時、ディズニー社は、エプコットセンターの設計・建設のまっただ中であり、資金繰りが厳しく、かつ、当時の経営陣は初の海外投資には消極的であった。したがって、京成電鉄、三井不動産、朝日土地興業（後に三井不動産に吸収合併）が主要株主である株式会社オリエンタルランドに東京ディズニーランドの保有と運営を認めた。ディズニー社側はパークの設計をし、パークの運営の指導・クオリティー管理を行い、さらにキャラクター等の使用許諾を認めた。それらの対価として、ディズニー社は、ロイヤリティ（使用料）として、入場料収入の10％、飲食及び商品売上げの5％、スポンサー料の10％を受けとる契約とした。東京ディズニーランドからは、これらのロイヤリティ（使用料）を得ることができるが、事業からもたらされる利益は、全てオリエンタルランドへ転がり込む仕組みになっていた。東京ディズニーランドの成功を知れば知るほど、このスキームはディズニー社にとって屈辱的なものに思われた。

ユーロDLは新しい事業形態で運営

ウィルソンが入社した時に交渉過程にあったのが、パリ近郊に建設予定であったユーロ・ディズニーランドである。これは、ヨーロッパで唯一で、カリフォルニア（アナハイム）、フロリダ（オーランド）、東京（浦安）に次ぐ世界で4番目のディズニーランドである。ウィルソンは、パークの建設には3万人、開園すれば恒常的に1万1千人、さらに周辺のホテルやその他の施設が拡充すれば、さらに6万5千人の雇用の創出をすることができるというデータに基づき、用地の払い下げ価格等の条件をフランス政府と辛抱強く交渉した。

ウィルソンが、ここでとった戦略は、一見マリオットッ社の時代と類似している。弁護士に仏国の法律を調査させ、リミテッド・パートナーシップと類似する事業形態を探させ、その

■ 図3-4　ユーロ・ディズニーランドの仕組み

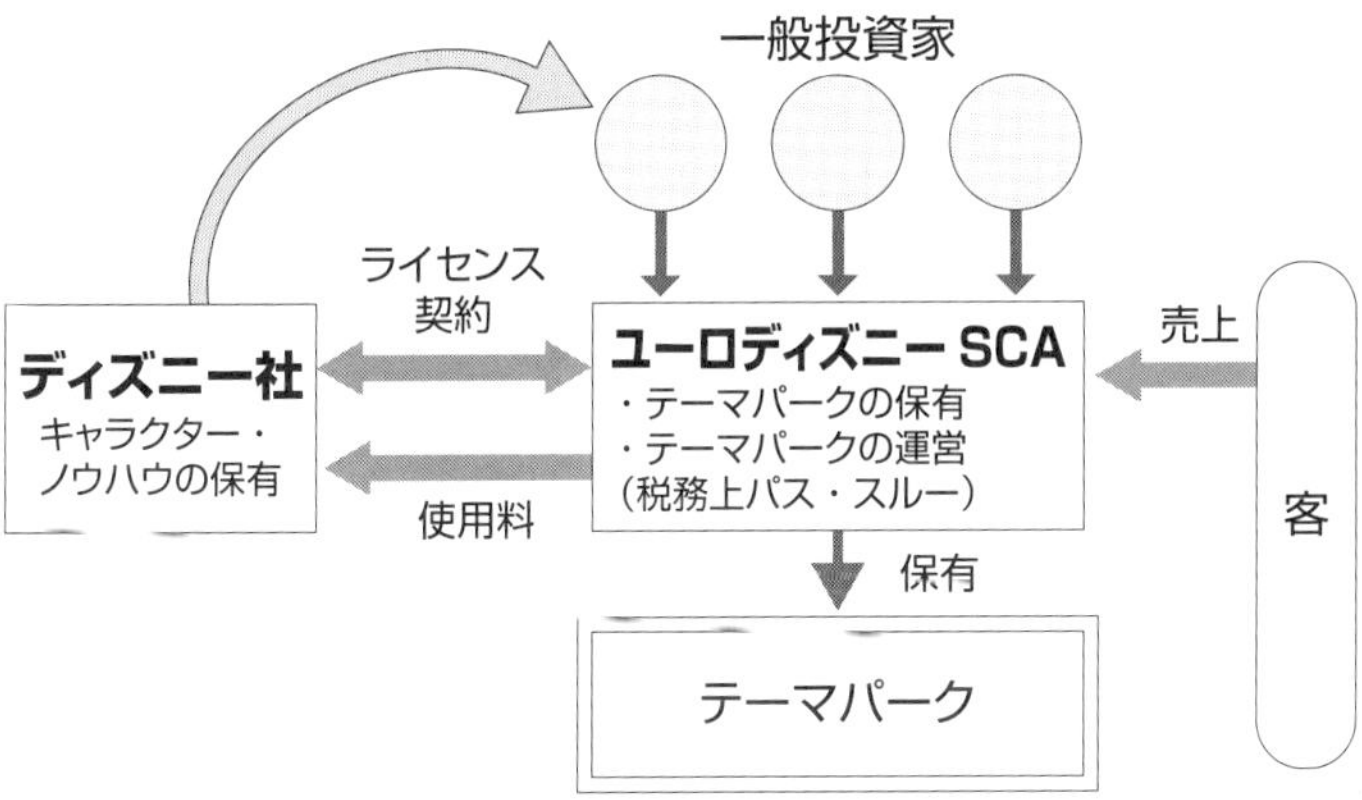

法形態により、ユーロディズニーSCAという会社を設立し、パークを所有させた。しかし、マリオット社の時代との違いは、ディズニー社自体も、その投資家になり経営権と事業利益の一定部分を確保するものだった。さらに、ユーロディズニーSCAの投資家に節税のメリットを享受させるために、施設の減価償却期間を10年とすることをフランス政府に同意させた。

どうしてウィルソンは、テーマパークを保有する戦略を採用したのか？これは、ディズニーランドとホテルという資産の特徴を比較すれば分かる。ディズニーランドを建設するためには、ホテルを建設するのとは比較にならないほど多額の資金が必要となる。しかし、もし、ある場所にディズニーランドを作ったならば、雇用創出等の相当の経済効果をその地にもたらすことができる。したがって、ディズニーランドの建設には、莫大の資金が必要ではあるが、用地の払い下げ価格であったり、低利の融資であったり、不動産に課税される固定資産税であったり、その地域や国から優遇された条件を勝ち取ることができ、格安な建設が可能となる（ホテル建設の場合には、通常そのような優遇を得ることはない）。また、ディズニーランドは、その性格上、一つのパークから得ることができる利益は大きいが、世界中にそんなに多くのパークを作ることはできない。しかし、ホテルは各都市に作っても問題はないし、ホテルチェーンのネットワーク化や固定費の負担額を減らすという観点からは、むしろ数多く作った方が有利になる。したがってウィルソンは、ホテル事業には「持たない」戦略をとり、ディズニーランドは「持つ」戦略をとったのである。

ユーロDLの負の部分

本書使命は、CFOのサクセス・ストーリーだけを伝えず、負の部分も客観的に伝えることと考えている。

一九九二年にユーロ・ディズニーランドは開園するが、米国文化であるディズニーの世界観がヨーロッパの人々には受け入れられないのか、業績不振が続いている。もし、この情報が事前に分かっていたなら、ウィルソンは、ユーロ・ディズニーランドに対して、マリオット社時代のように「持たない」戦略をとったかもしれない。結果論ではあるが、ユーロ・ディズニーランドに対して、東京ディズニーランドの「持たない」事業スキームが、反対に東京ディズニーランドに対して、ユーロ・ディズニーランドの「持つ」事業スキームがとられていたならば、完璧だったのかもしれない。

6 為替リスクの回避

経営者にとって、事業の効率を高めることは重要である。しかし、忘れていけないことは、リスクを回避したうえで効率を高めるという前提があることである。どんなに儲かる可能性のある事業であっても、リスクが高かったらやるべきではない。そうは言うものの、リスクのないビジネスはないし、リスクを恐れて何もしなかったらその会社の将来はない。これが経営の難しさであり、経営とはリスクのマージメントであるとも言えるのである。

いずれにしても、もし、工夫をすれば回避可能なリスクがあるならば、そのリスクを回避するのが経営者の責任である。

前述の通り、東京ディズニーランドの事業スキームは、ウィルソンが入社する前に既に決まっていた。一九八六年には、四半期ごとに東京ディズニーランドから800万ドルから1000万ドル相当のロイヤリティが入金されていた。これは、資金需要が高い同社にとっては、重要な資金源であった。しかし、彼はこの契約にも手をつける。それは、そのロイヤ

■ 図3-5　東京ディズニーランドからの債権の流動化

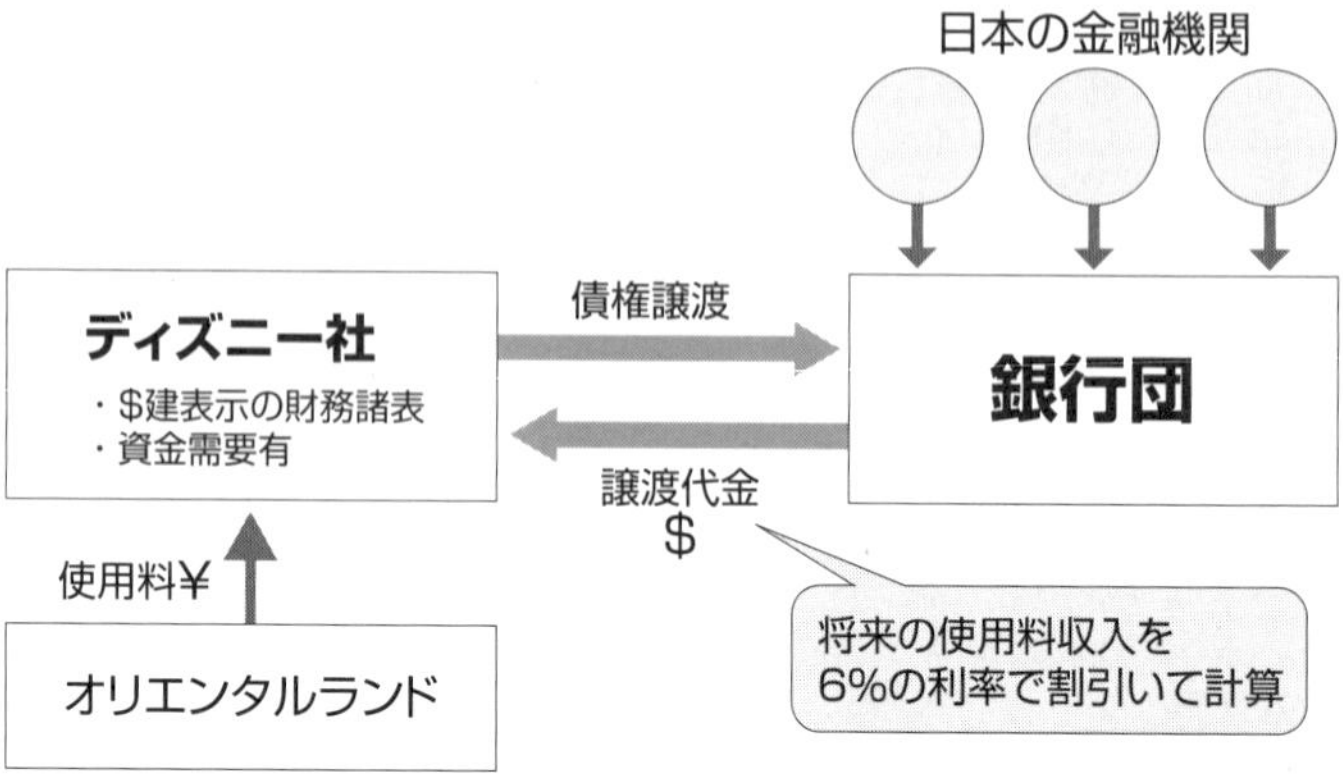

リティは円建てで入金されていたためである。ディズニー社は米国の会社であり、ドル建てで財務諸表を作成しているので、長期的に円建ての収入を得るというのは、同社が為替リスクを負うことを意味していた。この金額は大きな金額であるだけに、為替レートが変われば、会社全体に与える影響が非常に大きかった。

　彼は、今後20年間に入ってくると見込まれるロイヤリティの総額を6％の利率で割引くと7億5000万ドル相当になると試算した。そして、その権利を同額（ドル建て）で日本の投資家に売却した。将来得られる資金を6％で割引いて第三者にその権利を売却するということは、経済的には6％の利率で資金調達をしたことと同じとなる。6％というレートは当時の経済状況においては、非常に有利な資金調達の条件であった。ディズニー社は、このスキームにより、為替のリスクを回避しただけでなく、有利な条件で資金調達もしたことになる。そしてウィルソンは、手にした7億5000万ドルで、年率10%以上の利益が見込めるオーランドのホテル郡の建設に着手する。

7 その後のウィルソン

一九九一年に、ウィルソンは、ディズニー社を去った。その後、CEOのアイズナーは、一九九六年にはABCテレビを、一九九八年にはインフォシーク社を買収し、同社を総合メディア企業へと拡張していく。しかし二〇〇〇年代に入ると同社の業績が悪化し、二〇〇三年一一月には、かって同社にTOBを仕掛けたあのロイ・E・ディズニーがアイズナーの経営方針に反発し、同社の副会長職を辞任した。さらに二〇〇四年三月に開かれた株主総会では、アイズナーに対する不信任投票が可決され、アイズナーは辞職した。

一方、ウィルソンは、弟子のチェックと組んで、ノースウエスト航空を買収する。二人が考えたのは、航空会社もマリオット社時代のように、航空機等の重要資産を持たずに経営をすれば、投資効率が上がるという戦略に基づくものであった(5)。

ウィルソンについて、もう一つ記述しておかなければいけないことは、彼は弟子のチェックを育てたように、「ウィルソン・スクール」と言われる程、才能のある多くのＣＦＯを積極的に育てたということである。彼が去った後、アイズナーをサポートして多くの会社の買収手続きを進めたのも、彼の弟子たちであった。私が、この本を書こうと思った動機も、ウィルソンのそんな行動を意識してのことである。ということを最後につけ加えておく。

（１）本章を書くにあたっては、主に、ディズニー社ホームページ、「ディズニー・タッチ」（ロン・グロヴァー著　仙名紀訳　一九九二年ダイヤモンド社）、〝The Value-Adding CFO: An Interview with Disney's Gary Wilson〟Harvard Business Review 1990 の情報を参考に記述している。

（２）ゲリー・ウィルソンの経歴や業績は、「ディズニー・タッチ」ｐ94からｐ95、ｐ２８８からｐ３０１、及び〝The Value-Adding CFO: An Interview with Disney's Gary Wilson〟を参考にしている。

（３）ストック・オプションに関しては、第9章3項で解説している。

（４）実際の減価償却の計算は、このような定額法の他に、定率法等様々な計算方法がある。

（５）「最強ＣＦＯ列伝」（井出正介著　二〇〇三年　日経ＢＰ社）ｐ１０８　参照

コラム 「否認されたフィルム・リース」

大阪地裁は平成10年10月16日、税逃れを目的とした映画フィルムの減価償却費計上を否定する判決を下した。この判例は、不動産業を営む日本法人A社の減価償却費の計上を否認した税務署の処分の適否について争われたものであった。

この節税スキームは、A社を含む日本の投資家が組合を結成し、組合員からの出資金及び銀行からの借入れにより、米国の映画会社から映画を購入し、同社と関連する配給会社と配給契約を通じて、この映画を全世界に配給するものであった。

A社は、組合への出資比率に基づいて、映画フィルムの減価償却費を計上していたが、組合は映画の実質的な所有権を有さず、また、A社には、映画事業を行う能力がなく、かつ、課税上の利益を得るためにのみ出資したことを理由に、裁判所は税務署のとった処分を支持し、減価償却費の計上を否認した。

これは、税務上の扱いの判定をする上で、形式だけではなく、その経済実質や出資の意図にまで言及したことで、画期的な判例であると言われている。しかし、このスキームの「映画フィルム」という部分を「ホテル施設」や「テーマパーク」と読み替えるとどうであろうか？実は、このような節税スキームの源流は、ウィルソンとその弟子のチェックがマリオット時代に考え出したスキームにあるのである。事実、ウィルソンは、この否認されたフィルム・リースと類似のスキームで、ディズニー映画の権利を小口化して投資家に販売していたのである。

第4章 日産のV字回復を成し遂げたもう1人の外国人

1 瀕死の名門企業

フランスのルノー社から派遣されたカルロス・ゴーンが日産自動車の奇跡のV字回復を成し遂げたことを知っている読者は多いと思う。どうしてルノー社が、同社に外国人のゴーンを派遣してきたのだろうか？(1)

日産自動車は、芙蓉グループ（旧富士銀行系列）に属する東証一部の上場企業であり、トヨタ自動車、本田技研工業とともに、日本の3大自動車メーカーに数えられている。一時期の企業スローガンが、「技術の日産」と称していたように、創業期より先進技術の吸収には積極的であったが、その反面、技術偏重の社風により販売政策はあまり上手いとは言えず、しかも組合闘争と内部権力闘争が経営の足を引っ張り、オイルショックの頃から、ライバル視してきたトヨタ自動車に差を広げられてしまっていた。

一九八〇年代後半のバブル景気時代には、高級車「シーマ」をヒットさせるなどして、存在感を示していたが、バブル崩壊後はそれまでの拡大路線が影響して財務体質が悪化する。もともと販売戦略が不得手な上に、商品戦略やデザインなどの面でも失敗したことから、ヒット車種が出ずに販売不振に陥ってしまい、国内シェアでは一時ホンダに抜かれ、第3位に転落する。

一九九八年には約2兆円もの有利子負債を抱えるほどに財務内容が悪化する。しかし、その後も継続的な販売不振が続き、倒産寸前の経営状態となった。そこで、一九九九年三月、フランスの自動車メーカーであるルノーとの資本提携を結び、ルノー社の子会社として更生を図ることとなった。

2 日産リバイバルプラン

ルノー社の会長兼CEOであったルイ・シュヴァイツァーは、資本提携契約に基づき、同社の副社長であったゴーンを日産自動車のCOO（その後まもなくCEO）に就任させ、日本に送り込んだ。

カルロス・ゴーンの履歴

ゴーンは、一九五四年にブラジルの中規模の都市であるポルト・べーリョで生まれた。父はレバノン系ブラジル人、母はフランス人である。6歳の時に父の母国のベイルートに引越し、ベイルートのイエズス会系の学校で中等教育を終えた。高等教育はフランスの理工科学校を卒業後、パリ国立高等鉱業学校を卒業する。一九七八年にフランスの大手タイヤ製造会社のミシュラン社に入社し、ブラジル・ミシュラン社の社長や北アメリカ・ミシュラン社のCEO、社長、会長を歴任する。ユニロイヤル部門の再建を成功させた事などが評価され、その後一九九六年に、ルノー社の上級副社長に抜擢される。ルノー社では不採算事業所の閉鎖や調達先の集約などで経費の圧縮を進め、赤字だったルノー社を数年で黒字に転換させた。ルノー社のベルギー工場を閉鎖する時には、フランスとベルギーの外交問題にまで発展した。これらの手法によって、彼には、「コストカッター」や「コストキラー」などの異名が付いた。

カルロス・ゴーンのNRPとは

日本に乗り込んできたゴーンは、一九九九年一〇月に「日産リバイバルプラン（NRP）」を発表する。その骨子は、次の三つのコミットメント（公約）が中心であり、それが3年以内に達成できなければ、彼自身とエグゼクティブ・コミッティのメンバーの全員が退陣することを宣言した。

①営業利益2903億円を達成
②営業利益率4・75%を達成
③負債額を9530億円に削減

具体的な数字による公約をあげ、しかも3年以内に達成できなければ自らは退陣することを明言するやり方は、日本においては衝撃的であった。彼が着任した当時の日産自動車は、20年にわたって販売シェアが低下する中で、2兆円を越す有利子負債を抱え、資金不足から新商品の開発ができず、それがまた競争力の低下という悪循環に陥っていた。

ゴーンは、NRPを策定するために、日産の課題を網羅する9つのクロス・ファンクショナル・チームを設立していた。このチームは全社から200名に及ぶ有能なスタッフが、しかも守秘義務契約を結ばせた上で集められた。ゴーンは、チームのメンバーに、以下のような方針を示していた。

①意思決定の最高機関として、少人数（9名を上限）のエグゼクティブ・コミッティの設立
②利益重視、縦割り組織をクロスするファンクション活動の推進等、日産の新たな方向性を示す基準の策定
③コア事業への集中とノン・コア事業資産の売却と負債金額の圧縮

NRPのもとに、村山工場や京都工場などの生産拠点の閉鎖、資産の売却、人員の削減な

どとともに、子会社の統廃合や取引先の統合、原材料の仕入の見直しなど様々な改革が実行されていった。また、ゴーン自身がテレビコマーシャル、インタビューなど、メディアへ積極的に出演したり、株主総会を日本語で行うなど、全ての利害関係者へ社内改革をアピールした。その結果、一九九八年には約2兆円あった有利子負債（販売金融を除く）を二〇〇三年六月には全額返済し、12％前後まで落ちた国内シェアを20％近くまでに回復させた。

3 ゴーン改革を支えたＣＦＯ

数値目標への挑戦

ゴーンが3年以内に達成できなければ辞職するとまで言った三つのコミット（公約）を見てもらいたい。これはどれも会計数値である。しかも、どれも極めて具体的な数字である。このように数値目標を達成できなければ辞めるというやり方は、よほどその数値の達成に自信がなければやるべきではない。もし、その目標が少しでも守れなければ、発言者が辞めれば済むだけではなく、その後の再生のためのモチベーションは相当に落ち込む。裏を返せば、ゴーンは、これらの会計数値の達成には確固たる自信があった。なぜなら、彼の陰には信頼できる会計・財務の専門家がいたのである。その人物の名前は、ティエリー・ムロンゲであり、ゴーンの来日時に、一緒にフランスからやってきていた。

ムロンゲは、一九七六年にフランスの国立行政学院を卒業して、大蔵省に入省する。その後、九一年にルノー社に入社し、IR担当、投資管理担当を歴任し、日産自動車の取締上席常務として来日し、二〇〇〇年には副社長兼CFOとなった。

二〇〇二年三月号のCFOマガジンは、ターンアラウンド・マネージメント分野のベストCFOとして彼を選んでいる。ちなみに日本企業からベストCFOが選出されるのは始めてのことである。同誌の選出理由は以下の文章で始まっている。

「華麗なCEOゴーンが日産の劇的な復活の立役者としてマスコミの脚光を浴びている。しかし実際にこの再生劇の一部始終を仕組んだのは、同社の財務部門なのだ。そしてその財務部門を率いるのが長身痩躯で眼光鋭いフランス人のムロンゲである。」(2)

メーンバンク制度への挑戦

ムロンゲの就任前にも、日産自動車は有利子負債を減らす努力をしていた。しかし、有利子負債を減らすのは経理部の仕事だとしか思われていなかった。有利子負債が膨れ上がった理由は、無計画に融資を続けたメーンバンク制度の弊害と、分権体制の下で海外現地法人や国内関係会社がそれぞれ独自に財務戦略を立案したことが原因であり、経理部だけで解決できる問題ではなかった。

日産自動車には、グループ全体で借金を抑え、キャッシュを管理する仕組みがなかった。

そこで、ムロンゲは、財務部の機能の集中化を敢行した。まず、世界を日本、米国、欧州の三つのエリアに分け、それぞれの地域にある金融子会社一社に資金管理を集中させた。その上で、この三つの金融子会社の資金管理を、さらにワールド・ヘッド・クォーターに一元化した。ワールド・ヘッド・クォーターが取引する金融機関はどことは決めず、その時その時で最も有利な条件を出してくれる相手と付き合うことにした。この改革は、日本のメーンバンク制度に対する挑戦でもあった。

メーンバンク制度は、戦後復興期から高度成長期にかけて、日本の産業を牽引しながらも慢性的な資金不足の状態にあった企業に対し、安定的かつ速やかに巨額の資金を提供しつづけ、間接金融を主体とする日本の金融システムの中で重要な役割を担ってきた。特に高度成長期は、企業集団と密接な関係を持ち、銀行を頂点とする株式相互持合いまで展開して強固なグループを形成してきた。しかし、バブル経済崩壊とともに、企業の収益が右肩上がりでは伸びなくなり、資金需要がないにもかかわらず、あるいは厳しい採算チェックもせず、日本企業はメーンバンクからの借入金を膨らませた。日産自動車の場合は、日本興行銀行と富士銀行の二行が並列してメーンバンクになっており、二つの銀行のOBがそれぞれ役員として送り込まれていたので、競い合ってカネを貸してくれたという証言もある(3)。

ムロンゲが率いる財務部の作った新しい仕組みと、ノン・コアビジネスに関係する資産の売却を進めたことによって、有利子負債の金額は減少し、九五年には営業利益にほぼ匹敵する1000億円に達していた支払利息は、二〇〇二年には420億円に減少した。企業が本来の営業から得られる利益の金額を示す「営業利益」と同額の支払利息を支払っていたという状況は、金利を払うために事業を行っていたということになる。

日本的組織への挑戦

ゴーンとムロンゲによる改革は、日本企業の伝統的な組織形態にもメスを入れる。

日本の企業は、多くの場合、機能別の縦割り組織の形態を採用している。それは、日本企業の職務分掌的発想を基にしている。すなわち、事業を効率化するために、事業に必要となる業務をすべて抽出し、それらを細分化・専門化する。そして、その細分化された業務ごとに人事評価をするという形態が日本の多くの大企業において根づいていた。このような組織形態には、次のようなメリットがあった。

①細分化・専門化されて業務においては、習熟のスピードが速く専門家を育成しやすい。
②その機能における権限委譲が可能となり、その機能における問題解決が迅速にできる。
③その機能における責任が明確になり、公平な評価ができる。
④本社は、各機能の運営に関する負担が軽減され、より戦略的な事項に集中できるようになる。

一方、このような縦割り組織の問題点としては、次の点が指摘されている。

①部門間のセクショナリズムが働いて、会社全体の利益より部門の利益を優先することが生じる。
②部門間の壁により、部門をまたがる、新戦略、新商品、新サービスが生まれにくくなる。
③過去の成功体験が強い前例主義となって、新しいチャレンジが部門から湧き上がってこない。

このような問題点も、市場が継続的に拡大している経済成長期には問題とならない。ところが、現代のように、ユーザーニーズが多様化し、多品種・少量をベースに事業を行わなければならない場合には、セクショナリズムが生じると企業は危機的な状況となる。

このような問題は、事業部制を採用する場合にも同様に生じる。事業部制とは、事業ごとに編成された組織（事業部）が本社の下に配置された組織形態をいう。企業が多角化したり、地理的に拡大したりすると、本社がすべての事業に関する意思決定を行うのは難しくなる。事業部制は、事業運営に関する責任・権限を本社が事業部に委譲することで、各事業の状況に応じた的確で迅速な意思決定を促進しようというものである。日本では松下電器産業が採用したのが初めだといわれているが、現代では大部分の上場企業で採用されている一般的な組織形態となっている。

売上重視への挑戦

日産自動車の場合は、技術・開発、製造、販売という機能別組織であり、「技術の日産」を標榜するだけに、伝統的に技術・開発部門が強かった。ムロンゲの最大の功績は、単に有利子負債の金額を減少させたということではなく、セクショナリズムが横行する縦割り組織の中で、「利益率」という単純で分かりやすい共通の基準を明確に示し、会社全体を一つの方向に向かわせたことにある。

日本企業は伝統的に、売上や市場におけるシェアを重視する傾向が強かった。それは、株式相互持合いの下、株主の存在が軽視され、経営者が「業界一位」や「大きいことはいいこと」という風潮に流されたためであった。高度成長時代ならば、売上げを伸ばせば必然に利益が増えるという仮定が成り立っていたが、現代のように、多品種・少量をベースにする場合には、売上増＝利益増ということにはならなくなっている。

ゴーンとムロンゲのチームは、利益が生じない製品は作らないという方針の下、すべての製品について、製造を継続するのかどうかを検討した。その結果、日産自動車では、利益を上げることが度外視されて、長期的なリレーションが最も重要視されているということがわかった。このような極めて日本的と言える負の伝統と決別し、利益を上げるという企業にとっては本質的な基準を用いて新しい取引関係を築いていった。

ムロンゲが行ってきたことは、メーンバンク制度、縦割り組織、売上重視といった高度経済成長時代から引き続いてきた日本企業の〝しがらみ〟との決別を意味していたのかもしれない。国際化、消費者の嗜好の変化、規制緩和といった外部環境の変化があったにもかかわらず、日本企業は過去の輝かしい成功体験が反対に変革を躊躇させていたのである。日産自動車の画期的なV字回復は、外国人だから実行できたのかもしれない。

4 ゴーン改革のその後

繰り返しになるが、本書は単なるサクセス・ストーリーの紹介であってはいけないと思っているので、ゴーン改革のその後についても触れなければいけない。

NRPの公約を一年前倒しで達成したゴーンは、日産自動車の3カ年経営計画「日産180」（全世界での売上台数を100万台増加させ、8%の営業利益率を達成し、自動車関連の実質有利子負債をなくす）を発表する。

しかし、この計画における販売台数目標達成のために、新車投入が計画終了前に集中して計画終了以降の国内販売台数の深刻な低迷が生じている。また、「ゴーン以前」に入社した居残り組と、「ゴーン後」に入社した中途採用組の社内闘争など、新たな問題も生じている。瀕死の状態であった日産自動車を立ち直らせたゴーンの手腕は高く評価しなければいけないが、片付けなければいけない次なる課題も、まだまだ残っているのである（なお、ムロンゲは、二〇〇三年六月で日産自動車を離れている）(4)。

(1) 本章を書くにあたっては、主に、日産自動社ホームページ、「ゴーンが挑む7つの病」（日経ビジネス編　二〇〇〇年　日経BP社）の情報を参考にしている。
(2) 「最強CFO列伝」（井出正介著　二〇〇三年　日経BP社）p267に書かれたCFOマガジンの記事に対する和訳を使わせてもらっている。
(3) 「ゴーンが挑む7つの病」p181参照
(4) 「CFOの時代」（日経ビジネス二〇〇八年六月九日号）参照

コラム 「24 時間体制のリストラ」

海外に進出をするとか、新規ビジネスを手がけるとか、新しくて前向きなことをやることは、大変ではあるがやりがいもある。しかし、過去の失敗を清算するリストラは、どうしてもやる気がそがれるものである。とは言うものの、事業にはリスクはつきものであり、運悪く失敗した場合には、その損失を最小限に抑えることも CFO の重要な責務である。

私が、会計事務所に勤務していた頃、ある企業の米国事業からの撤退をするというプロジェクトを手伝ったことがある。それは、その企業にとって死活問題になるくらい重要な問題であり、会社をあげての精鋭たちがプロジェクト・チームに集められた。しかも、ある事情のため、そのプロジェクトは、どうしても今期中に完了しなければいけないという時間的な条件がついていた。

しかし、米国の顧問弁護士が、撤退が完了するまでには書類の準備等で二年はかかると言いだした。確かに撤退のための全ての手続きを洗い出してみると、とても一年では無理であるとチームの全員が諦めかかった。ところが、宇宙科学事業部からやって来たメンバーの一人が次のような発言をした。

「プロジェクト・チームを二つに分けましょう。半分は東京で、半分はニューヨークで働けば、一年で二年分の仕事ができます」

この会社は、彼の言うように、プロジェクト・チームを東京とニューヨークに 2 チームに分けて、社運のかかったリストラの作業を一年で終了させた。見事なものだった。

第5章 エンロン事件を起こしたCFO

この本のねらいは、CFOという経営者の生の事例を示すことによって、その業務の魅力を理解してもらうことにある。しかし、CFOのポジティブな例だけを説明したのでは、片手落ちである。CFOが引き起こしたネガティブな例も隠すべきできない。したがって、この章ではエンロン事件を引き起こしたCFOを紹介する。

CFOが誤った行動をとると、その企業のみならず、社会にも重大な悪影響を及ぼす。プラスもマイナスも示すことで、CFOのやるべき業務の本質が立体的に見えてくるはずである。読者は、この章を読んでどうしてこのような問題が起こったのか?また、このような問題を未然に防ぐ方法は何か?を考えて欲しい。

1 エンロン社の歴史

エンロンは〝徒花〟

「徒花（あだばな）」という言葉がある。その意味は、「咲いても実を結ばない花。むだ花」（広辞苑より）である。エンロン事件の解説には、必ずといっていいほど、この言葉が使われる。さて、エンロン社はどんな花を咲かせていたのだろうか？(1)

エンロン社は、倒産直前の二〇〇〇年度の売上高が1110億ドル（全米第7位）、二〇〇一年の社員数が21000名という、全米でも有数の大企業であった。しかも、一九九六年から二〇〇一年まで6年連続で「フォーチュン」誌の「米国で最も革新的な企業」に選出されていた。正直言うと、私も事件が発覚するまでは同社をニュー・エコノミーの旗手として非常に注目していた。

エンロン社の起源は、一九三一年に数社のエネルギー（ガス・電力・パイプライン）関連企業が集まってできたノーザン・ナチュラル・ガス社にさかのぼる。一九七九年に同社は企業再編を行い、持株会社としてインターノース社を設立した。ガス業界の規制緩和によって業界再編が進む流れの中で、一九八五年にインターノース社がヒューストン・ナチュラルガス社と合併してエンロン社が誕生する。当初は、英語の enter（入る）と on（続ける）を組み合わせた〝Enteron〟を合併会社の社名としていたが、この言葉が「消化管」を意味することに気づいたため、短縮したＥｎｒｏｎという造語を採用した。

エンロン社の会長兼ＣＥＯであるケネス・レイ（一九四二年四月一五日〜二〇〇六年七月五日）は、ミズリー大学、同大学院で経済学を専攻する。その後、働きながらヒューストン大学で経済学博士号も取得する。政府の役人、大学の助教授を経てエネルギー関連会社の経営者となり、後にエンロン社に買収されるヒューストン・ナチュラルガス社の会長兼ＣＥＯとなる。さらにエンロン社の会長兼ＣＥＯも務めるようになる。地味な天然ガスパイプライン・電力会社であった同社を総合ＩＴビジネス会社に脱皮させ、全米でもベストテンに入る売上を誇る大企業に育て上げた。

しかし、成長の中で大規模な不正会計が行われていたことが発覚し、同社は二〇〇一年に破綻する。彼自身も、粉飾決算及びインサイダー取引などの疑いで二〇〇二年に起訴された。二〇〇六年五月に陪審による有罪評決を受けたが、量刑についてはその時点では確定していなかった。地元テキサス州出身のブッシュ大統領とは個人的に親交があり、ブッシュは彼のことを「ケニー・ボーイ」と呼んでいた。二〇〇六年七月に心臓発作のため別荘で死去する。

エンロン社が引き起こした不正会計の内容は、残念ながら複雑で、高度な会計知識とデリバティブと呼ばれる金融取引の知識が無ければ、正確に理解することはできない。しかし、ここでは、問題のエッセンスに絞って説明することにする。

「ジャンクボンドの帝王」ミルケンとの関係

エンロン事件を理解する上で重要なことは、レイが尊敬し、エンロン社の進むべきモデルとしたのが、ディズニー社に対して最初のTOBを仕掛けた人物である、マイケル・ミルケンであったということである。ミルケン（一九四六年七月生まれ）は、一九八〇年代に「ジャンクボンドの帝王」として名を馳せた。ジャンクボンドとは、回収の可能性が低いとされる債券であり、一般的には、格付でダブルBないしそれ以下のものとされる低格付債券をいう。ジャンクとは、〝がらくた〟の意味である。ミルケンは、カリフォルニア大学バークレー校を首席で卒業した後、そのままペンシルバニア大学ウォートン・スクールでMBAを取得する。一九七三年に、当時弱小だったドレクセル・バーナムに入社し、投資銀行家としてのキャリアをスタートさせる。学生時代からリスクは高いが高利回りの債権（＝ジャンクボンド）への投資が有用なことに気がつき、この市場を開拓し、わずか数年で大きな市場を作りあげた。

ミルケンはジャンクボンド市場の開拓で得た名声を武器に、ウォール街への影響力を増大させていく。ドレクセルも一流の投資銀行をおさえて、売上げにおいてはウォール街ナンバーワンとなった。しかし、一九八九年、彼は、インサイダー取引や顧客の脱税幇助など95の罪で起訴され、その名声は地に落ちた。時同じくしてジャンクボンド市場は崩壊し、ミルケンを解雇したドレクセルも顧客を失い倒産した。ミルケンは禁固10年の判決を受け、証券業界からも追放が決議されたが、司法取引によって刑期を2年にまで短縮し、出所後はかつての顧客を奪還し、公然とM&Aのアドバイザーなどを務めるようになる。

レイは、ミルケンの出所後、頻繁にミルケンと連絡をとるようになる。彼はミルケンがやったように、リスクが高くて誰も手を出さなかった商品を対象とするマーケットを作り、そのマーケットを牛耳れば巨万の富を得ることができると信じていた。ミルケンとの違いは、そのマーケットを債券ではなく、エネルギー関連商品で作るというところだった。レイは、自由化されつつあるエネルギー関連商品の取引において、金融業界が行っていたデリバティブ取引のマーケットを作ることを計画する。

2 デリバティブ取引とは

デリバティブとは、借入、預金、債券、外国為替、株式売買等の金融取引から、相場変動によるリスクを回避するために開発された金融商品の総称である。デリバティブ(derivative)は、「誘導的な」「派生した」という意味であり、日本語では「金融派生商品」と訳されている。金融業界では、その複雑さゆえに、「デリバティブは35歳を過ぎたら習得できない」などと言われる時代もあった。

デリバティブ取引には以下の特徴がある。

①リスクヘッジ効果を持つこと（将来の取引を現時点で確定したりするため、リスクを抑制できる）。

②レバレッジ効果を持つこと（少額の資金で、多額の原資産を売買した場合と同じ経済効果が得られる）。

今日、世界の政治経済が不安定さを増すなかで、株価や商品の価格は激しい変動を余儀なくされており、デリバティブ取引の真価が発揮される時代となっている。しかし、デリバティブはレバレッジ効果を有するため、その運用方法を間違えると、多額の損益が生じてしまうことがある。例えば、英国のベアリングス銀行や米国のカリフォルニア州オレンジ郡などの自治体のように、デリバティブの運用の失敗により、企業はもとより地方行政の存続に大きな影響を与える事件は後を絶たない。

デリバティブ取引の三つの手法

デリバティブは、①先物取引、②スワップ取引、③オプション取引の三つの手法の組み合わせで行われる。

「先物取引」とは、将来の定められた時点で、特定の目的物を、定められた数量、定められた価格で、売買することを約する取引である。取引の大部分は、期日までに反対売買を行い、買値より値上がりしている場合は差額を受け取り、値下がりしている場合は差額を支払

■ 図5-1　デリバティブ取引の種類

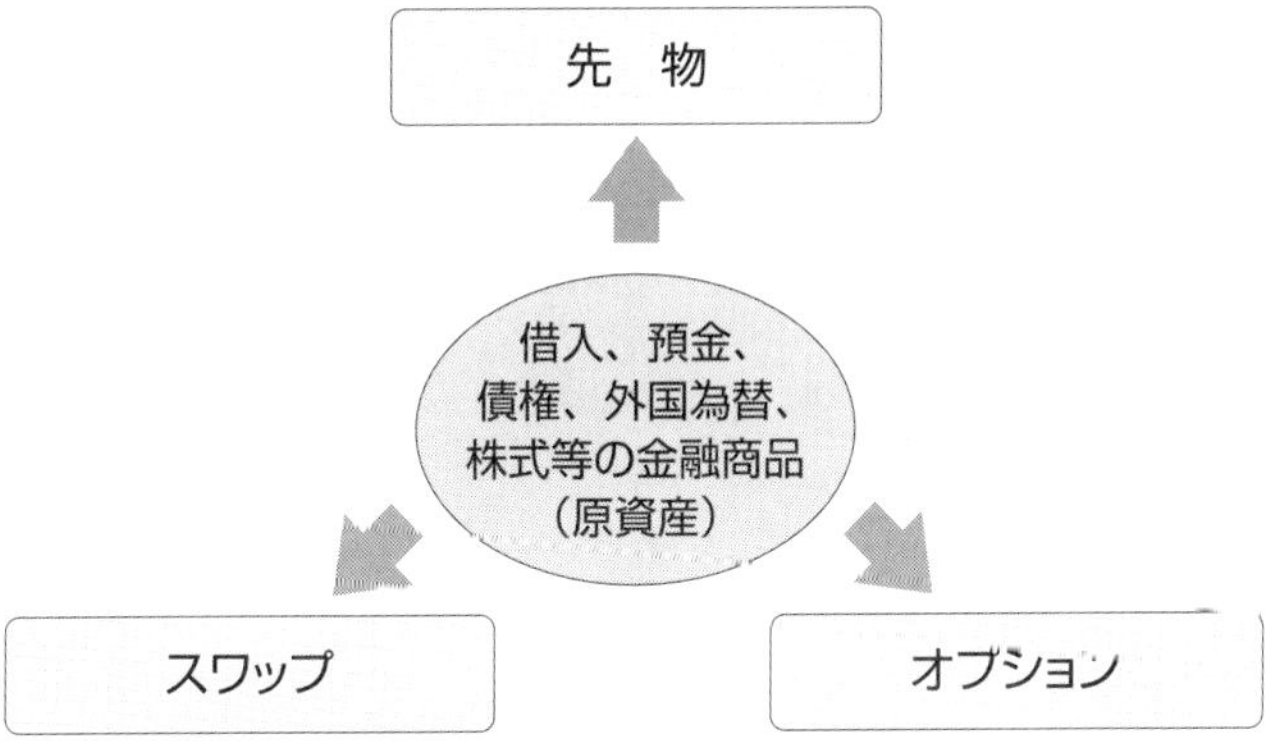

うことで決済される差金決済である。例えば、「A社の株式一株を1か月後に100円で売るという契約」がこれに当たる。もし、1か月後のA社株式の時価が、120円になっていたならば、この契約から20円の損が生じ（120円で購入した株式を100円で売るので）、1か月後のA社株式の時価が、70円になっていたならば、30円の利益を生じる（70円で購入した株式を100円で売るので）。

「スワップ取引」とは、あらかじめ決められた条件に基づいて、将来の一定期間にわたり、キャッシュ・フローを交換する取引である。例えば、ドル建ての借入をしているX社と、円建ての借入をしているY社が、将来の返済義務を交換するような取引を言う。これにより、X社はドルの借入をしたが返済は円で行い、反対にY社は円の借入をしたが返済はドルで行うことが可能となる。

「オプション取引」とは、ある目的物（原資産という）を、一定期間内に特定の価格で買い付ける（または売り付ける）権利をいう。オプションを取得する買手はオプション料（プレミアム）を売手に支払い権利を収得する。デリバティブが最初に歴史上で確認されたのは、ギリシャ時代であり、哲学者タレスがオリーブの豊作を予期し、圧搾機を借りる権利を予め押えておき、実際に豊作になった時に圧搾機を高値で貸し付けて利益を得たという。

エンロン社の成長期

エンロン社は、一九八〇年代後半には、業界の先端を走るようにガス取引に積極的にデリバティブを取り入れ、企業規模を拡大していった。経済学を専攻するスタッフを多く抱え、安定した経営をアピールしていた。一九九〇年代後半には、デリバティブで電力市場にも参入する。さらに、一九九九年に設置した「エンロン・オンライン」においては、ガス、電力だけでなく、石油をはじめ、石炭、アルミニウム、パルプ、プラスチック、果ては信用リスク、天候、ネットワーク帯域幅、排ガス排出権に至るまで、あらゆる商品の市場をインターネット上に開設した。その全てでエンロン自体が売り手・買い手として取引を行った。そのため、表面上の売上や利益は急激に拡大していった。

このエンロン・オンラインのアイデアとシステムは、稼働当時はもちろん、エンロン破綻後も高く評価されていた。しかし、デリバティブ取引とは、市場全体はゼロサム（誰かが勝てば、誰かが負ける）であるのにもかかわらず、同社のビジネスモデルは、市場運営者として手数料を得ることではなく、自ら売買を行うトレーディングであった。

折からの米国におけるＩＴバブルの波にも乗り、一九九〇年代後半には同社は革新的で、なおかつ、安定した成長を続ける優良企業としての名声を確立していった。二〇〇〇年八月には株価は90ドルを超えた。この時点で経営陣は「１３０ドルから１４０ドル程度までは、このまま上昇するだろう」との見通しを提示し、アナリストもエンロン株を「ストロング・バイ」として推奨した。そのため、年金基金などの堅実で知られる機関投資家も、同社の株や債券を購入していた。

エンロン社の陰りと不正発覚

二〇〇一年夏には、同社による海外での大規模事業の失敗などが明るみになり、株価もゆるやかに下落を始めた。一〇月一六日に発表された第三・四半期報告では赤字が発表されたが、それでもアナリストたちは、これをそれほど問題視しなかった。

しかし、一〇月一七日に、ウォール・ストリート・ジャーナルが同社の不正会計疑惑を報じた。株価はこの日から急落し、証券取引委員会（ＳＥＣ）の調査も始まった。一一月六日、同じヒューストンに本拠を置くパイプライン企業であるダイナジー社が、同社との合併に名乗りを上げ、崩壊を免れるのではないかとの観測もいったんは流れた。しかし、同社が採用していたSPV（特別目的事業体）を利用した特殊な会計上のスキーム（詳細は後述する）は、同社の株価が一定額を下回ると、同社に巨額な債務が発生するからくりになっていることが判明し、その事実がさらにまた株価を押し下げるなど、状況は加速度的に悪化していく。

さらに数々の不正経理が明るみに出るに及んで、一一月二八日にダイナジー社との買収交渉は決裂した。その結果、一二月二日に同社は連邦倒産法第11条（日本でいう会社更生法）の適用を申請し、事実上倒産した。これによって、同社に投資していた投資家、ならびに同社株式を年金用の運用資産に組み込んでいた同社の従業員などの多くの関係者は、巨額の資産を失うことになった。

SPVを利用した特殊なスキームは、主にCFOであるアンドリュー・ファストウによって構築されたものであった。彼は、一九六一年にワシントンDCで生まれ、タフツ大学で経済学と中国語を専攻した。その後、ノースウェスタン大学のケロッグ大学院でMBAを取得して、シカゴのコンチネンタル銀行に就職する。一九九〇年にエンロングループに入社して、COOのジェフ・スキリング（一時期レイの跡を継いでCEOとなる）のスタッフになる。その後、スキリングの信頼を得て、一九九八年に37歳でエンロン社のCFOとなる。SPVを使って貸借対照表から負債を巧妙に圧縮する手法が評価され、一九九九年のCFOマガジンのCFO賞（CFO Excellence Award）を受賞する。

3 SPVと連結会計

アンドリューが構築した特殊な会計スキームの問題点を理解するには、SPVと連結会計の制度を知らなければいけない。

SPVとは

SPV（Special Purpose Vehicle）とは、資産の証券化やプロジェクト・ファイナンスにおいて、自らは利益獲得などの目的を有することなく、単に投資家からの資金調達や資産の小口化のために利用される器（事業体）の総称である。また、SPVのうち、法人格を有するものはSPC（Special Purpose Company、特定目的会社）と呼ばれる。

また、連結会計とは、その企業本体だけでなく、子会社、関係会社等の財務数値を合わせた企業グループとしての開示を行う一連の会計上の手続きである。この制度の趣旨は、単体（親会社）の財務情報だけを見ると、企業の実態を正しく示さないケースがあるためである。例えば、親会社と子会社の取引により、子会社を犠牲にして親会社に利益を得るような取引をしている場合、親会社は右のポケットから左のポケットに商品を移すだけで利益を上げることができてしまう。

SPVと連結会計

連結会計において、問題となるのはどの会社や事業体まで連結の範囲に含めるかである。エンロン社の場合、ネルギー関連を始め、様々な商品のマーケットを創設してきたが、実はそのマーケットにおける販売者と購入者の両者が、同社の支配する会社あるいはSPVで行われていた。売買の両当時者が同じ会社の支配下にあり、同一の連結会計グループに含まれている場合は、双方の損益は相殺されて結果的にグループに損益は生じない。しかし、アンドリューは、売買の一方を、自分や自分の部下の支配するSPVとしたのである。しかも、そのようなSPVには、上昇を続ける同社の株式を担保に差出し、その担保力を利用して資金調達をさせていた。

米国におけるその当時のルールは、親会社によるSPVの議決権の保有状況等を形式的に勘案して、連結すべき会社やSPVの範囲を決めていた。彼は、当時のルールを形式的に解釈すれば、エンロン社が支配していないという状況を作り上げ、SPVを連結の対象から外していた。しかも、驚くべきことに、彼は、このようなSPVを約3500も組成していたといわれている(2)。

エンロン事件の問題の本質的なところは、以上の通りである。しかし、実際には、デリバティブ取引自体の契約関係が複雑であることに加え、数多くのSPV同士が、所有関係や取引関係を複雑に絡み合わされている。全容は明らかになっていないが、おそらくそれぞれの取引は、当時のルールに照らして見れば、グレーゾーンではあるが、抵触はしていなかったものと思われる。グレーが重なればブラックになるが、法律の解釈上、このような状況を違法と言えるのかどうかという難しい問題も含まれている。

同社の破綻時における負債総額は明らかではないが、少なくとも310億ドル、簿外債務を含めると400億ドルを超えていたのではないかともいわれている。この金額は二〇〇二年七月のワールドコム破綻までは、米国史上最大の企業破綻であった。

エンロン事件の違法行為

エンロン事件で経営者が犯した違法行為は、以下の通りであると指摘されている。

①取引損失を連結決算対象外のSPVに付け替えて帳簿外の損失とする会計上の操作が行われたが、これが粉飾決算にあたるということ。

②調査の結果、CEOのレイ、CFOのファストウ、COOのスキリング等の会社の中枢にいた経営陣ならびにその家族が、会社内部の情報により、将来株価が下がるということを知りながら、二〇〇〇年夏以降、大量のエンロン株を売り抜けており、これが、インサイダー取引にあたるということ。

③さらに、SPVの設立にあたっては、ファストウをはじめとする幹部がエンロン本社の取締役会の承認を得ずに、SPVの役員を兼任して高額の報酬を得ていた。これが、利

益相反取引行為にあたるということ。利益相反行為とは、例えば、XがA社の役員や従業員でありながら、A社の競争相手であるB社と関係を持ち、B社が利益を得るために、A社が不利益を被るような行為を言う。

4 エンロン事件の影響

エンロン事件は、自由化された電力市場における取引ルールの見直しのきっかけとなった。また、エンロン社の破綻以降、米国の大企業で次々と粉飾決算が発覚し、会計不信が広がった。二〇〇二年六月には、ブッシュ大統領が遊説先のフロリダで「腐ったリンゴがいくつかあるが、米国の大企業の95%は健全で資産や負債の内容も適切」とパニックを控えるよう促したが、皮肉にもその直後にワールドコム社の破綻が起こった。

エンロン社の株価が20ドル以下となった二〇〇一年一〇月においても、まだ多くのアナリストがエンロン株を「ストロング・バイ」と推奨していたことは、アナリストの客観性・状況対応能力に対する信頼を失わせる結果となった。

また、エンロン社の財務諸表の監査を担当しながら、一方で粉飾やその証拠の隠蔽に関与していたアーサー・アンダーセンの信用は失墜し、世界5大会計事務所の一つと言われた名門会計事務所は、二〇〇二年に解散を余儀なくされた。エンロン社、ワールドコム社と合わせ、米国のみならす世界を代表す3つの巨大企業と信用を短期間で失った米国経済は、大きな混乱に陥り、世界経済にも大きな影響を及ぼした。そのため、米国においては、会計、監査、情報公開などの制度見直しが叫ばれ、二〇〇二年七月には上場企業会計改革および投資家保護法（サーベンス・オクスリー法、通称ＳＯＸ法）が制定された。

このような不正会計の問題は、日本にも飛び火する。西武鉄道やライブドア等の相次ぐ会計不祥事やコンプライアンスの欠如などを防止するため、米国のＳＯＸ法に倣って、日本においても「日本版ＳＯＸ法」が導入され、上場企業等に内部統制の強化を求めている。

（1）この章は、主として、「エンロン崩壊の真実」（ピーター・Ｃ・フサロ、ロス・Ｍ・ミラー著　橋本碩也訳　二〇〇二年　税務経理協会）の情報に基づいて記述されている。

（2）「最強ＣＦＯ列伝」（井出正介著　二〇〇三年　日経ＢＰ社）ｐ２３６参照

コラム 「ビッグ・エイトからビッグ・フォー」

ビッグ·フォー（Big4）と呼ばれる巨大国際会計事務所が存在する。この４つの事務所は、監査業務を中心として、会計・税務・その他のコンサルティング業務を提供して、世界の巨大企業のほぼ全てを顧客としている。

1970年代には、このような巨大会計事務所が８つ存在していたが、訴訟事件に備えて、また、財務的にも規模の拡大が求められるようになったことから、合併が行われBig5となった。しかし、唯一合併せずに規模を拡大していたアーサー・アンダーセンが、エンロン社の会計不正事件に関与したとされ、解散を余儀なくされ、現在は４つ（Big4）になっている。

日本の監査法人で、このビッグ・フォーと提携関係にある監査法人のことを、４大監査法人と呼んでいる（あずさ監査法人（KPMGと提携）、あらた監査法人（プライスウォーターハウス・クーパースと提携）、新日本監査法人（アーンスト・アンド・ヤングと提携）、監査法人トーマツ（デロイト・トウシュ・トーマツと提携））。４大監査法人の一角だったみすず監査法人（旧 中央青山監査法人）は、足利銀行、カネボウ、日興コーディアルグループ等の会計不祥事件を受けて、監査業務を継続していくことが困難になったと判断し、2007年７月をもって自主的に監査業務からの撤退を宣言した（現在は、みすず監査法人の代わりに、あらた監査法人を加えて４大監査法人となっている）。

会計事務所は、企業のM&Aに関して様々なサービスを提供している。しかし、アドバイスをする立場にある会計事務所自身が、M&Aの荒波にさらされていたわけである。私が会計事務所に働き始めた頃は、ビッグ·エイトであったが、だんだんとその数が減っていった。私の同僚は、合併が進み最後に一つの事務所だけになったら、我々は国連の職員か会計検査院の役人になるのではないかと冗談を言っていた。それを聞いたもう一人の同僚は、その場合には、ぜひ国連職員になりたいものだと真顔で言っていたことが思い出される。

第6章 敵対的買収を仕切るミタル社の若き参謀

1 NHKスペシャル「敵対的買収を防げ」(1)

外資による買収の対応策が練られていないということで、1年間施行が延期されていた三角合併（三角合併の詳細については後述する）が、二〇〇七年五月一日に解禁された。その直後の五月七日に、NHKは、「敵対的買収を防げ」というタイトルのNHKスペシャルを放送した。私が注目したのは、「新日鉄トップの決断」というその番組の副題であった。あの新日鉄までもが敵対的買収の標的となるというのは、この問題の緊迫感と衝撃度が否応なしに伝わってきた。

若い世代には、新日鉄（正式には、新日本製鐵株式會社）という名前を聞いても、特別な意味を感じないかもしれないが、少なくとも私より上の世代には、同社は日本企業の代表であり、日本経済そのものをイメージする人も多いことだろう。

新日鉄の歴史は近代日本の歴史

「鉄は国家なり」という言葉どおり、明治時代の我が国においては、自国で製鉄所を持つことは、産業を生み出すうえで何よりも重要な懸案事項であった。一九〇一年、明治政府は、国の威信をかけて官営の八幡製鉄所を建設する。新日鉄はこの八幡製鉄所を発祥の地としている。八幡製鉄所は民間の鉄鋼会社5社と合同し、日本製鐵株式會社となり、一貫して日本の富国強兵の政策を支えてきた。その後、太平洋戦争敗戦後の「過度経済力集中排除法」により、同社は4社に分割されるが、一九七〇年に八幡製鉄と富士製鉄の2社が再合併して新日本製鐵株式會社となり、現在に至っている。

八幡製鉄と富士製鉄の二大製鉄会社は、業界トップの座を巡って激しい争いを続けていた。しかし、この争いは、過剰な設備投資による財務体質の悪化と過当競争を引き起こし、業界全体を疲弊させていた。この再合併には、そのような問題を解決するというねらいがあった。しかしその一方で、業界内であまりにも巨大な企業が出現することになるとして、その是非について大きな議論を巻き起こした。

新日鉄は、日本の鉄鋼業界におけるトップ企業という存在だけではなく、日本財界を代表する企業とされている。同社のトップは「財界総理」と呼ばれ、日本経済団体連合会（経団連）をはじめとする各種機関の首脳に出身者を送り込んでおり、新日鉄のトップを選ぶ人事は、一民間企業の問題ではなく、日本の経済界を牽引するリーダーを選ぶという意味も持っている。

その新日鉄に敵対的買収をしかけようとしている企業とは、いったいどんな企業なのであろうか？

2 ミタル社はスクラップ工場が前身

新日鉄が敵対的買収の脅威を感じている企業は、インド人の実業家であるラクシュミー・ミタルによって創業されたミタル社である。同社は、インドネシアのスクラップ工場の経営者であったミタルが、一九八九年に創業し、その後世界の鉄鋼メーカーを次々と買収することによって、世界最大の鉄鋼メーカーとなっている。

彼は、一九五〇年六月にインドの北西部のラージャスターン州チュル県にあるサードゥルプルという小さな町で、マールワール商人の家庭に生まれる。カルカッタにあるセント・ザビエル大学を卒業し、商学学士を取得しているが、一族で大学を卒業したのは彼が最初である。21歳の時、父のモハンが、カルカッタの小さなスクラップ工場を購入した。これが、一族にとって初めての買収となる。しかし、この工場の経営は、インド政府による厳しい規制により、順調には進まなかった。インドでのビジネスに限界を感じた彼は、26歳の時に自由を求めてインドネシアに渡るが、ここでもスクラップ工場を経営する。その後14年間、自らが炉の操作を行い、同工場の経営にあたる。

ミタルによる買収劇の始まり

彼が世界へ飛躍するきっかけとなったのは、一九八九年のトリニダード・トバゴの国営企業であったアイアン・アンド・スチール社の買収であった。当時の同社は、深刻な経営不振に陥っていた。彼は、政府が指名した経営陣を更迭し、高級取りのドイツ人幹部を辞職させ、代わりに自分の信頼するインド人を重用することにより、コスト削減を達成し、僅か一年で同社の再建に成功する。その後、彼の買収劇は加速度を増していく。

当時の彼の買収戦略は、不採算の製鉄所を安く買い、経営陣を入れ替え、彼が信頼するインド人の幹部を送り込み、再建が軌道に乗ると派遣された幹部を引き揚げ、目標とする利益に達している限り自治経営を許すというものであった。不採算企業や国家管理による非効率な製鉄所に狙いをつけて、交渉では思い切った安値で買収を持ちかけた。

やがて、ミタル社のターゲットは、旧共産圏の鉄鋼メーカーに移っていく。カザフスタンの製鉄所を皮切りに、ルーマニア、チェコ、ボスニア、マケドニア、ロシア、ウクライナと買収は続いた。彼は、その国の経済状況と時の政権の弱みを読み切ったうえで、経営難の製鉄所を安値で買い叩いた。そして、二〇〇四年三月、東欧最大のポーランドの製鉄所を買収した時、ミタル社は、鋼鉄生産量世界第二位の巨大企業に成長していた。

ミタル社の会長であるラクシュミー・ミタルは、現在、ロンドンで暮らしており、フォーブスの発表による二〇〇六年度版の世界長者番付においては、資産4兆円ともいわれ、世界で5番目の資産家とされている。インド人の中では最大の資産家で、娘の結婚式のために、日本円にして75億円相当を費やし、ヴェルサイユ宮殿を借りたという逸話さえある。

3 株式交換による買収

二〇〇四年四月、ラクシュミー・ミタルは、世界一の鉄鋼メーカーを目指して米国に渡る。そこで、米国第2位の鉄鋼メーカーであるＩＳＧ社（インターナショナル・スチール・グループ）と、株式交換による統合に成功し、ミタル社は世界一の鉄鋼メーカーとなる。

株式交換とは、企業を買収する際、ターゲットとなる企業を現金で買うのではなく、買収する企業の株式を渡す手法である。ミタル社は、ＩＳＧ社を買収するのに、総額45億ドル相当のミタル社の株式をＩＳＧ社の株主に手渡した。もし、この買収を現金で行っていたならば、ミタル社は巨額な買収資金を借入れなければいけなかった。

もちろん、株式交換という手法を用いるためには、ＩＳＧ社の株主に対して、現金よりミタル社の株式をもらった方が有利であると納得してもらわなければいけないし、ミタル社の株主に対しても、新株式を発行することで相対的な支配力が薄まる（希薄化）が、ＩＳＧ社を傘下に収めた方がミタル社の価値が上がることを納得してもらわなければいけない。

欧米においてＭ＆Ａが多いのは、この制度の存在が大きいといわれている。日本においても、一九九九年の商法改正により、株式交換制度が導入され、また、二〇〇五年に公布された会社法においても、この制度は引き継がれている。

買収後のリストラによって自社の時価総額を高め、それを担保に投資家の資金を呼び込み、また買収する。このようなミタル社の手法に対しては、グローバル化による鉄鋼業界の成長を期待する賛美の声と、高炉の建設すらせず、ひたすら株式交換による買収を繰り返す様子を揶揄して、もの造りの精神を軽視した拝金主義者であるとの非難の声がある。

4 アルセロール社の敵対的買収を指揮した若きＣＦＯ

鉄はグローバル製品である

新日鉄の設立の経緯を見てもわかるように、日本では、「鉄は国家なり」と考えられていた。しかし、このような考えは日本に限ったことではなく、世界中の国々で、国家プロジェクトとして製鉄所は建設されていた。

しかし、拡大する資本主義経済は、国家の存在の象徴であった鉄すらもグローバリゼーションの流れに入っていった。現在、生産された鉄の約40%は、国境を越えてやりとりがされており、国際的な製品となっている。また、単純に販売先や原料となる鉄鉱石の埋蔵地の近くに拠点を持てば、輸出入コストを削減できる。このように一つの国のマーケットのみを見ていても、鉄鋼業界では生きていけない状況となっている。

ミタル社の状況を分析すると、同社の扱っている製品は、建材用などの低価格の製品が主力で、自動車用などの高級鋼では新日鉄などに遅れをとっていた。これは、経営難に陥った鉄鋼メーカーを買収し再生させるという手法で拡大してきた同社にとっては、必然の帰着とも言える。

グローバリゼーション化が進む鉄鋼市場とミタル社の持つ強みと弱みとを冷静に分析したうえで、当時世界第2位の鉄鋼メーカーであったアルセロール社の買収をラクシュミー・ミタルに説得する人物がいた。

名門アルセロール社を買収せよ

アルセロール社は、鉄鋼不況期の二〇〇一年にフランスのユジノール社、スペインのアセラリア社、ルクセンブルクのアーベッド社の3社が合併し発足した鉄鋼メーカーである。本社をルクセンブルクに置き、粗鋼生産は4650万トン以上と、ヨーロッパでは圧倒的な規模を誇っていた。自動車用などの薄板類に強いユジノール社と、条鋼類を主力製品としていたアーベット社が統合したことで、幅広い品種において、欧州で高いシェアを持っていた。もし、ミタル社が、同社を買収すれば、付加価値の高い自動車用鋼板を作る施設を持つことができ、また同時に同社にとって空白だった西ヨーロッパ地域における存在感を高めることが可能となる。

アルセロール社の買収をラクシュミー・ミタルに説得した人物とは、彼の実の息子であり、同社のCFOであったアディティヤ・ミタルである。彼は、一九九六年、ペンシルバニア大学ウォートン校から、経済学学士の学位を取得。その後、投資銀行であるクレディ・スイス・ファースト・ボストンのM&A部門で勤務する。一九九七年にミタル社に入社後、一九九九年には同社のM&A部門の責任者となり、同社が行ってきた買収プロジェクトの実務を仕切ってきた。ミタル社が行ってきた数々の買収劇において、関係者が異口同音にキーパーソンとして名を上げるのが、この30歳を越えたばかりの若きCFOであった。

ミタル社は、二〇〇六年一月二六日にアルセロール社に買収提案を通知する。しかし、ルクセンブルク政府、フランス政財界、その他の株主や、アルセロール社の経営陣の強い抵抗に遭い、買収は困難と見られていた。その背景には、ミタル社の扱う製品が低価格であり、アルセロール社の扱う製品とは異なっていたことと、また、英国によって支配されていたインドの人間が、ヨーロッパの一流企業を買収することへの感情的なアレルギーが作用したことも否定できない。

アルセロール社の抵抗

アルセロール社の経営陣は、なりふりかまわない買収防衛策を講じた。フランスの投資銀行であるBNPパリバを使い、安定株主になってもらえそうな投資家を捜した。また、既存の株主をつなぎ止めるために、大盤振る舞いとも言えるほどの配当を実行した。さらに、買収したばかりのカナダの製鉄メーカーをミタル社に奪われないように、オランダの財団に譲渡した。これは、重要な資産を第三者に渡すことで買収の興味を減らす、いわゆる「クラウン・ジュエル」と呼ばれる買収防衛策である。そして、アルセロール社の経営陣は、ミタルによる買収を防ぐための切り札として、ホワイト・ナイトまでも連れてきた。

ホワイト・ナイトとして指名されたのは、新興のロシア最大の鉄鋼メーカーであるセベルスターリ社であった。アルセロール社の経営陣のプランによれば、セベルスターリ社がアルセロール社の32％の株式を保有することになっていた。しかし、このプランに株主たちが次々と反対を表明していった。

なぜなら、ミタル社側はアルセロール社を買収後、どのような経営をしていくかを詳しく説明していたが、セベルスターリ社側には、買収後の経営方針がほとんど無かったのである。

買収防衛の決定打と考えていたホワイト・ナイトの出現が、逆にミタル社にとって格好の株主切り崩しのチャンスとなってしまった。大株主たちに買収後の経営方針を説明して回ったのは、この買収の提案者であるアディティヤ・ミタルであった。

参謀役によるトップ会談

セベルスターリ社との統合に株主たちの反発が強まる中で、アルセロール社の経営陣は、ミタル社の提案を真剣に検討しなければいけない事態となる。両社間で初めて行われた会議は、ブリュセル空港近くのシェラトンホテルで六月八日に行われた。アルセロール社側からはユンク副社長が、ミタル側からはアディティヤ・ミタルが出席し、この二人だけの会議は6時間に及んだ。そして、最終的には、アディティヤ・ミタルがユンク副社長に、ミタル社との統合の経済的合理性を納得させることになる(2)。

その後5か月に及ぶ交渉で、ミタル社は、買収額269億ユーロでアルセロール社の全体の約4割にあたる株式を取得し、同年六月二五日に、合併新会社である「アルセロール・ミタル社」となった。正式な会社統合は二〇〇七年の夏と予定されていたが、二〇〇六年八月にはアルセロール社とミタル両社の経営陣は統一され、実質的には経営統合が完了している。合併から3年間は両社の共同経営をとる取り決めがあったにもかかわらず、一一月には旧アルセロール出身の役員は全員解任され、ラクシュミー・ミタルが全権を掌握した。

CFOの仕事

アディティヤ・ミタルは、二〇〇五年一一月に発行された、Knowledege@Whartonのインタビューの中で、「鉄は国際的な商品になるはずがないと言われていたにもかかわらず、ミタル社は創業の頃から、グローバルな視点を持っていた唯一の製鉄企業であった」と力説している。この言葉からも、創業者である父の立てた世界戦略の実現のために、忠実に実務を仕切る参謀役の姿が明確に現れている。

ミタル親子の能力は高いが、ミタル社は人材の層が薄い。そこで、大型買収案件には、外部の専門家を使う。アルセロール社の買収の場合には、投資銀行であるゴールドマン・サックス社を利用している。この様な外部の専門家をリードしていくのも、CFOであるアディティヤ・ミタルの仕事である。また、彼は、前述のインタビューの中でも言っているが、製鉄会社の買収においては、メディア対策が重要と言っている。アルセロール社の買収の場合には、ゴールドマン・サックス社の紹介により、フランスの「イマージュ」というPR会社を採用している。このようにアディティヤ・ミタルの仕事は、買収相手との直接的な交渉から、外部の専門家を巻き込んだ「チーム・ミタル」の管理にまで及んでいる。彼は、二〇〇八年にCNBCより、「将来のヨーロッパのビジネス・リーダー」に選ばれている(3)。

世界第一の巨大鉄鋼企業となったミタル社(アルセロール・ミタル社)は、その後も拡大の方針を止めようとはしない。ラクシュミー・ミタル自身が、今後、アジアでの影響力を高めて行くと発言したことからも、次のターゲットは、同社が世界で唯一拠点を持たない、東アジアの製鉄会社と言われている。

5 解禁された三角合併

欧米の企業は、ミタル社のように、株式交換によって大型M&Aを行うケースが多い。しかし、日本の法律上、日本の企業を買収する対価として外国企業の株式を用いることは禁じられていた。ところが、二〇〇七年五月一日から、三角合併と呼ばれる手法が日本でも解禁され、ミタル社のような外国で上場する株式を対価に、日本の企業を買収することが可能となった。

三角合併のスキームは、外国のF社が日本に受け皿としての100パーセント子会社（F・j社）を設置し、そのF・j社と買収したい日本企業（T社）を合併させることによって、F社によるT社の買収が可能となる（この場合、T社の株主は、T社の株式に代わってF社の株式を取得するようになる）。

三角合併は、日本への直接投資の増加を望む欧米の強い働きかけに応じて導入された。会社法は二〇〇六年五月一日に施行され、三角合併も同じ時期から解禁される予定であったが、外資による日本企業の買収の対応策が練られていないこと、国の安全保障等の国益に関わる重大な技術や情報が流出しかねないこと、また、日本の株主が日本の市場で売買できない外国企業の株式を割り当てられる可能性があること等、経済界からの反対を受け、1年後の二〇〇七年五月一日に施行された。

6 新日鉄の技術を狙うミタル社

新日鉄の製品開発能力と海外戦略

新日鉄は、世界シェアでもミタル社に次ぐ第2位であるが、高級鋼材などの技術水準の高さには定評がある。例えば、「新日鉄VSミタル」(NHKスペシャル取材班著二〇〇七年ダイヤモンド社)には、両社の特許出願数を比較する表が記載されているが、新日鉄が1038件に対して、旧アルセロール社が31件、旧ミタル・スチィール社にいたっては、7件しかない(4)。

どうして、新日鉄の技術水準は高いのだろうか?それは、同社の企業風土が技術重視であることもあるだろうが、新日鉄に限らず、日本の鉄鋼メーカーはユーザーと一体になって製品開発を進めているからである。例えば、軽くて薄いが、丈夫な鉄である「ハイテン」と呼ばれる特殊な鋼材は、新日鉄がマツダと協力して開発した。また、ハイブリッド車に使われる磁鋼板も、トヨタと開発段階から一体となって性能の向上に取り組んでいた。

日米貿易摩擦が激化した一九九〇年代以降、日本の自動車メーカーは、摩擦を和らげるため、米国や欧州に生産工場を作る戦略をとった。この時に、問題となったのが、日本で供給されるのと同じ品質の鋼板が現地で入手できるかということだった。鉄は重くて輸送コストがかかる。かといって、自動車メーカーの進出地に製鉄所を建設するのは、リスクが大きすぎる。そこで、新日鉄がとった戦略は、現地の鉄鋼メーカーとの技術提携を結ぶことであった。

このような流れで、新日鉄は二〇〇一年に旧アルセロール（前身のフランスのユジノール社）と、欧州に進出する日本の自動車メーカーに質の高い鋼板を供給するために、技術提携契約を締結している。

ミタル社からの圧力

この協力関係を踏まえてミタル社側は、新日鉄の持つ最新技術を世界各地で利用できるように要請してきた。新日鉄にとって技術的な優位を保つことは、ミタル社との競争において生命線ともいえる。また、新日鉄と旧アルセロール社との契約の中には、どちらか一方の株主が大幅に変更された場合には、無条件に契約を終了できる条項が入っていたので、提携内容を拡大するどころか、打ち切ることもできた。

しかし、巨大化したミタル社は、アジアに本格的な生産拠点がなく、東アジアで新たな買収に打って出るとの観測は消えないし、ミタル社との関係を断てば、いきなり買収を仕掛けられる危険性もある。さらに、欧州に展開する日本の自動車メーカーに鋼板が供給されなくなるリスクもある。そうなれば、長年にわたって築き上げてきた自動車メーカーとの信頼関係は失われてしまう。

新日鉄のとった結論は、形の上ではミタル社側の要求をはねつけたものの、欧州での協力は継続するとともに、北米で行っている合弁生産の拡大で基本合意をした。

7 新日鉄のとった買収防衛策

もちろん、新日鉄側もミタル社からの脅威に対して手をこまねいていたわけではなく、敵対的買収に対して以下の4つの防衛策を講じている。
（1）グループ会社化したブラジルのウジミナス社による製鉄所の建設
ブラジルは鉄鉱石の産地でもあり、北米や南米市場にも近く、戦略的な国である。これは、ミタル社との関係が仮に切れた場合に備え、ブラジルから北米や南米に鉄鋼製品を容易に供給できる体制を整えておくための布石である。
（2）日本の鉄鋼三社合同の買収防衛
資本・業務提携していた神戸製鋼所、住友金属工業との3社で、3社のうち1社でも敵対的な買収提案を受けた場合は、対応策を共同で検討する覚書を締結した。

（3）アジア連合の創設

韓国の最大手の鉄鋼メーカーであるポスコ社と資本・業務提携を拡大したほか、中国の上海宝鋼集団との提携も模索している。将来的には、日中韓で共同体を形成したい考えである。

（4）個人株主対策

一般に敵対的買収が行われると、買収される企業の株価は上昇する。個人株主の多くは、その時点で、株式を売却する。その株式がヘッジファンドに渡り、利ざやを狙う彼らの動きに合わせて、買収が成立してしまう。新日鉄が考えた対策は、ＩＲ活動を通じて、どんなに株価が上がろうとも、株式を手放さない個人株式を一人でも増やそうとするものである。

ミタル社は何をめざすのか？

三角合併の解禁によって、外資による日本企業の買収は行い易くなった。新日鉄に限らず（新日鉄ですらと言った方が妥当かもしれないが）、全ての日本企業は、グローバル化する資本市場の荒波に巻き込まれている。その荒れ狂う波に乗って、あたかもお札を刷るように自社株を発行し、株式交換という手法を駆使し、わずか20年足らずの間に、スクラップ工場から世界最大の鉄鋼メーカーになったミタル社と、その実務を仕切る若きＣＦＯ。彼らが目指すものは何なのか？疲弊した製鉄業界の救世主なのか、あるいは、このファミリーの単なる独占欲なのか？その評価を下すのは時期早尚なのかもしれない。

（1）この章を書くにあたり、主に、「新日鉄VSミタル」（NHKスペシャル取材班著　二〇〇七年　ダイヤモンド社）、〝Knowledge@Wharton（二〇〇五年一一月）〟、ミタル社ホームページ、新日鉄ホームページの情報を参考にしている。
（2）「新日鉄VSミタル」p54～p55参照
（3）同書p166～p173参照
（4）同書p116参照

コラム 「日本の常識は世界の非常識？」

私が、最初に「グリーン・メーラー」という言葉を聞いた時、その意味を理解することができなかった。なぜなら、私にとって、「グリーン」という色は、森林や自然のイメージが強く、それが「お札」を意味するとは、想像もつかなかったからである。このように、我々が常識と考えることも、一歩この国の外に出ると、それが非常識になることもある。

これと似たことで、私がシンガポールに出張に行って驚いた話を聞いた。我々は当然のこととして、日本はアジアに属しており、程度の差はあるが、日本はアジアの中心（近く）に位置していると思っている。しかし、私が会ったシンガポール人は、日本がアジアに属しているということに違和感があると言うのである。あえて言うならば、日本は、「極東地域」あるいは「東アジア」に属しており、アジアの中心は、もちろん、シンガポールであると言っていた。

もちろん、これは、彼の個人的な見解だとは思われるが、地球儀の中心をシンガポールに合わせてみると、この見解も納得できる。

一時期、「異文化コミュニケーション」という言葉が流行ったが、中国で活躍しているアメリカ人に、その極意を質問したことがある。彼が言うには、異文化コミュニケーションにとって重要なことは、「相手の国の文化を知り、耐えること」だと言っていた。しかし、笑いながら、「敵の名前と顔は忘れてはいけない」とも言っていた。

第2編

「会計学のススメ」とCFOという職業

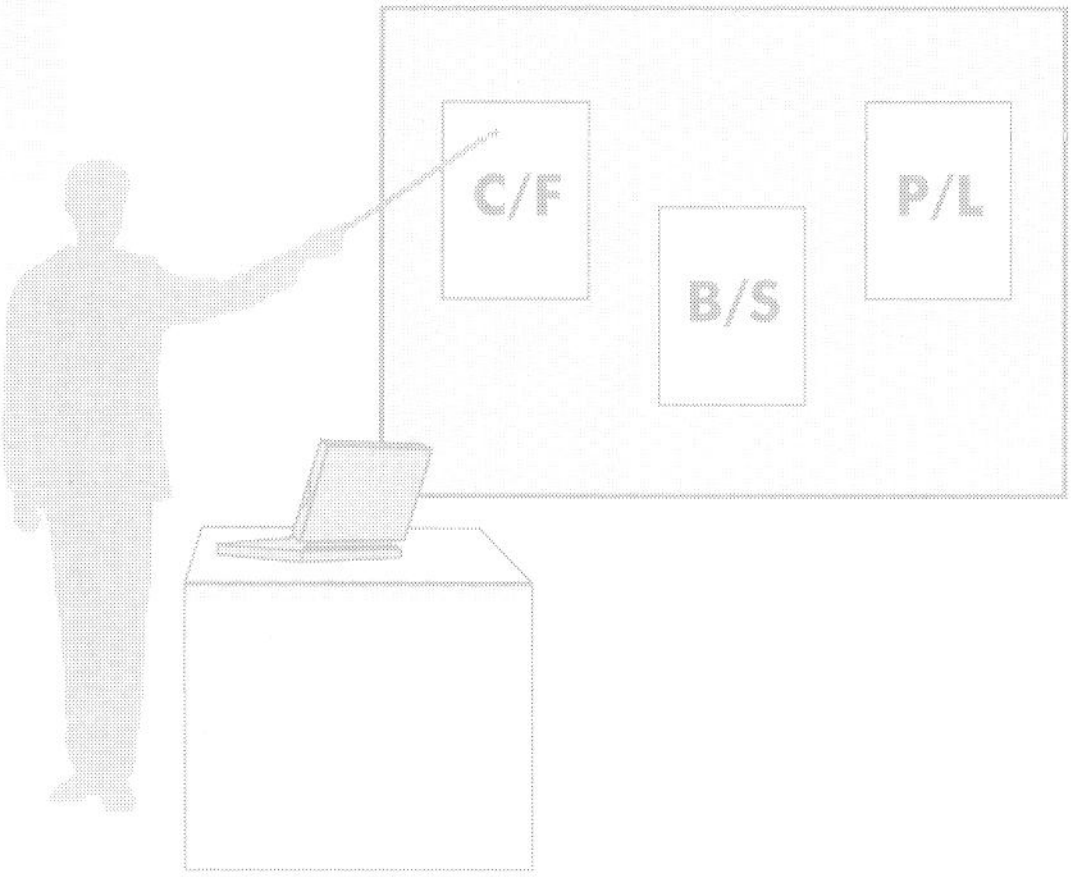

この本は、一人でも多くの若者に、経営参謀、すなわちＣＦＯという職業に興味を持ってもらい、最も重要なスキルとなる簿記や会計を勉強してもらうことを目的に書かれている。前者の目的のためには、第１編の「世界で活躍する経営参謀」の事例を紹介することで充分であると思われるが、後者の目的のためには、多少の工夫が必要となる。なぜなら、簿記や会計の有益さは、実際にそれらを利用してみて初めて実感できるものであるからである。「騙されたつもりで勉強してみろ」と言っても、そのような高飛車な言い方が現代の若者たちに通用しないことは明らかである。

簿記や会計をマスターしようと思えば、最終的にはそれらの教科書を紐解くしかないのだが、この編においては、そうは言っても、ある程度は簿記や会計とはどのようなもので、それがいかに有用であるかについて説明しなければいけないと思っている。さらに、蛇足ではあるが、私の経験からくるそれらの学習方法についても紹介したいと思っている。

また、簿記や会計に関するある程度の理解を持ってもらったところで、ＣＦＯの行うべき仕事の内容についても解説する。

第7章 会計の学習ほど効率のいい投資はない

1 「簿記や会計は言語である」と考えてみることから始める

私は、これから簿記や会計を学ぼうとする人には必ず、「簿記や会計は言語であると考えることから始めよう」とアドバイスすることにしている。私がこのように言うのには、二つの理由がある。

一つには、簿記や会計が言語と同じように、重要なコミュニケーションの道具として使われているということである。事実、会計を、「事業の言語（language of business）」と呼ぶ人は多い。この様に表現される理由は、会計というシステムが、大量で複雑な経済情報を、極限まで抽象化し要約する表現能力をもっているためである。

そしてもう一つの理由が、その勉強方法が、外国語をマスターするのと極めて類似しているという点である。最初に英語を勉強し始めた頃を思い出して欲しい。まずは、意味もなく簡単な単語を覚え、文の決まりを学び、簡単な文章を復唱した。その復唱を繰り返すことで、理解できなかった文の決まりが何となくわかってくる。そして少しレベルをあげた単語を暗記し、基本的な文法を学び、少し長い文章を読んでみる。このようなサイクルを何度も繰り返して、少しずつ英語という外国語をマスターしただろう。簿記や会計の勉強方法も非常に似ている。簿記や会計にも、単語や文法に相当するものがあるし、しかも、最初は意味もなく一定の暗記をしなければ先に進めないという点も類似している。

例えば、〈図7－1〉のように、学習時間を横軸に、必要とする忍耐度を縦軸にとると、学習しやすい学問は、学習時間に応じて必要な忍耐度も増してくるので、途中でドロップ・アウトする可能性は低い。なぜなら、多くの学習時間が既に費やされているとしたら、その学問の楽しさも分かり始めているので、忍耐度と楽しさのバランスがとれるからである。

しかし、〈図7－2〉のように、簿記・会計や語学のマスターには、学習が始まった頃に大きな山を迎える。それは、学習の最初に意味もない一定の暗記をしなければいけないからである。そのような暗記も、後になってそれが意味のあることだったとわかってくるのだが、初学者にそれを期待するのは無理なことである。しかも、厄介なことに、語学の山より（私

■ 図7-1　学習しやすい学問の忍耐度

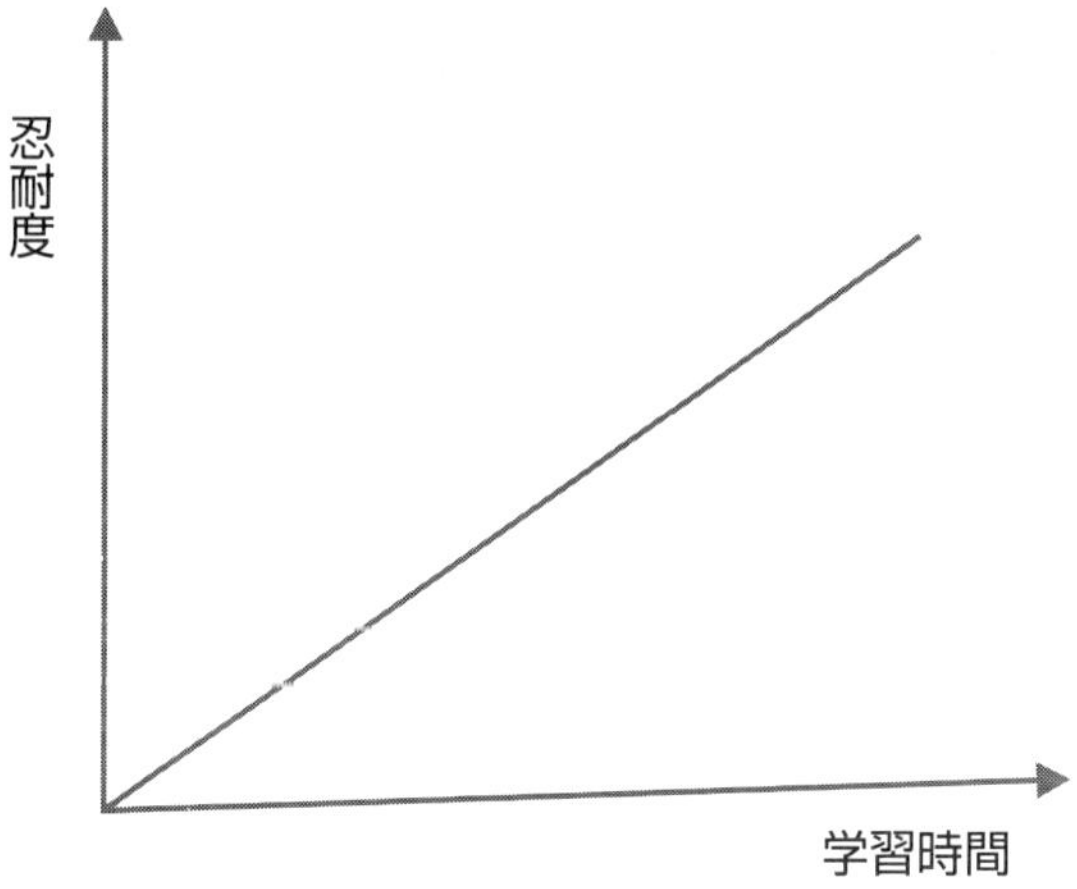

の個人的な見解によると、英語の山より独語のそれの方が高かった）、簿記・会計の山の方が高くて険しいのである。私自身も、この最初の訪れる山に何度もくじけた。多くの友人も、この山にくじけて、ついに簿記や会計と言うと、忌々しいものという記憶だけを彼らの脳裏に残して去っていった。

最初に訪れる山を越える

最近、本屋のビジネス書の売り場に行くと、手軽に簿記や会計のエッセンスがわかると謳った本がたくさん並んでいる。このような類の本が売れている理由は、それほど、この最初に現れる山に駆逐された人が多いということなのである。しかし、残念ながら、このような本を読んで、イメージを持つことや、そのことによってその山を若干低めるこ

■ 図7-2　簿記・会計や語学の忍耐度

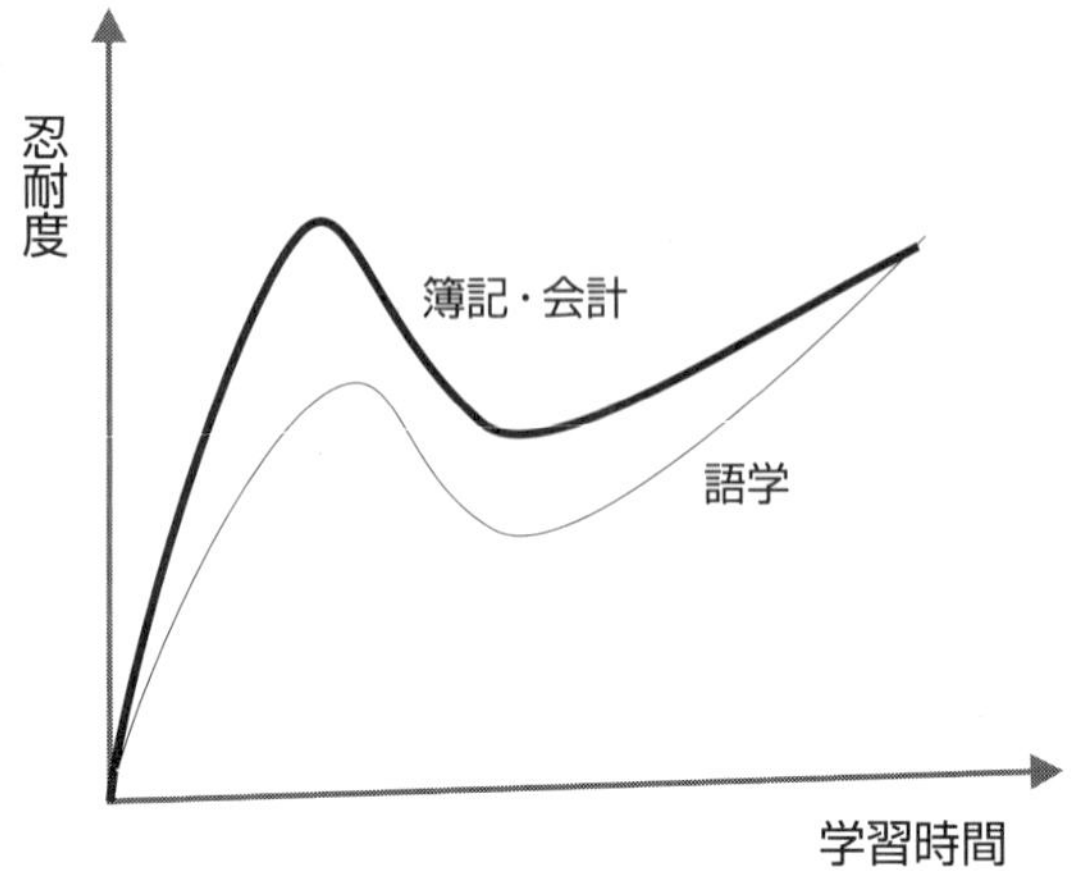

とはできても、簿記や会計を本格的にマスターするためには不十分であると言わざるを得ない。それは、英語のハウ・ツゥー本を読破しても、絶対に英語を話すことができないのと同じである。

しかし、英語の場合は、その山を越えて行く人は比較的多い。なぜなら英語ができたら、外国人と会話ができ、外国の映画やドラマを字幕なしで見たりすることができるようになる。このように、多くの人が、英語をマスターした時の効用を目の当たりにしているためである。その効用の見易さが、英語の山を越える勇気を与えてくれている。

野球を普及させるためには、どんな言葉を用意するより、イチローが一人いればいいと言われる。この本の目的は、別の言い方をすれば、「越えるに越えられない簿記や会計の山を越えてもらうために、ＣＦＯというビジネス界のイチローを説明する」ということになるのかもしれない。

2　複式簿記は人類の偉大な発明である

手軽に簿記や会計のエッセンスがわかると謳う本が売れている理由はもう一つある。それは、当たり前のことだが、現代社会において簿記や会計の重要性が、それほど高まっているということである。

簿記の源流

簿記とは、企業や個人事業における取引を、一定のルールに従って、記録・計算・集計する技術で、「財務諸表」と呼ばれる書類を作るための一連の帳簿記入の手続きをいう。簿記には、単式簿記と複式簿記があるが、この本で前提としている〝簿記〟とは、複式簿記のことを指す。

一四九四年にイタリアの修道僧で数学者でもあるルカ・パチオリが、当時の複式簿記について紹介しているのが、複式簿記に関する最初の記述だと言われている。その後、一八世紀のイギリス産業革命を契機に、複式簿記を前提とした会計学はめざましい発展を遂げる。日本では、江戸時代に既に大福帳のような帳簿（単式簿記を前提としている）はあったが、複式簿記が導入されたのは明治以降のことである。

単式簿記とは、お小遣い帳のように、何に使ったかを書く摘要欄とその金額を記入する金額欄があって、収入はプラスとして、支出はマイナスとして処理しながら、現金残高を計算するものである。

一方、複式簿記は、その取引について、現金の増減ではなく、「仕訳（しわけ）」と呼ばれる記録方法により、借方（左）と貸方（右）に金額を記入し、「勘定科目」というものを用いて、取引によって生じた事柄を表現し、仕訳帳や（総勘定）元帳という帳簿で取引を記録する。

例えば、四月一日に、「交際費のために現金10000円を使った取引」を考えてみる。単式簿記では、現金が10000円減ったことのみを表示する。しかし、複式簿記では、①仕訳帳に、現金が減ったという事実と交際費という費用が増加した事実を、借方（左）と貸方（右）に「交際費」や「現金」といった勘定科目を用いて記録する。さらに、②交際費の増減を示す交際費の元帳に、現金で10000円使ったと記録し、反対に、③現金の増減を示す現金の元帳に、10000円の交際費を使ったと記録する。複式簿記においては、「交際費のために現金10000円を使った取引」という一つの取引を、交際費の増加と現金の減少という二面の要素に分けて記録する。

①〈仕訳帳〉
4／1（借方）交際費 10,000　（貸方）現金 10,000

②〈交際費の元帳〉
4／1　現金 10,000

③〈現金の元帳〉
4／1　交際費 10,000

複式簿記の8要素

このような方法で、複式簿記においては、取引を記録し集計するわけだが、その場合、次の「取引の8要素」と呼ばれる関係が重要になってくる。

①資産の増加
②資産の減少
③負債の増加
④負債の減少
⑤資本の増加
⑥資本の減少
⑦収益の発生
⑧費用の発生

「資産」とは、現金や現金を増やすものを言い、現金の他に、預金、建物、土地、特許権等が含まれる。

「負債」とは、現金を減らすものを言い、未払金、借入金等が含まれる。

「資本」とは、企業の出資者（所有者）からの元手をいう。

「収益」とは、企業の活動によって生じた成果を言い、売上高や受取利息等が含まれる。

「費用」とは、収益を生むための努力を言い、仕入費用、賃金給与、交際費、通信費、交通費等が含まれる。


複式簿記とは、ある事柄（取引）を、文法（取引の8要素）に従って、5つの品詞（資産、負債、資本、収益、費用）に適した単語（勘定科目）を配列する技術であるということが、何となく理解してもらえたと思う。「どうしてこんな決まり事を覚えなければいけないのか？」と聞かないで欲しい。それは、簿記の練習問題を繰り返して解くことによって、その意味がわかってくる。

簿記から分かるフロー情報とストック情報

しかしながら、このような決まり事に従って、会社が一年間記録を続けて、年度末にストックを表わすもの（資産、負債、資本）だけを集計すると、会社の年度末の財政状態を示す貸借対照表（Balance Sheet, BS）が作成でき、フローを表わすもの（費用、収益）だけを集計すると、会社の一年間の経営成績を示す損益計算書（Profit & Loss Statement, PL）が作

■ 図7-3　ストック情報とフロー情報

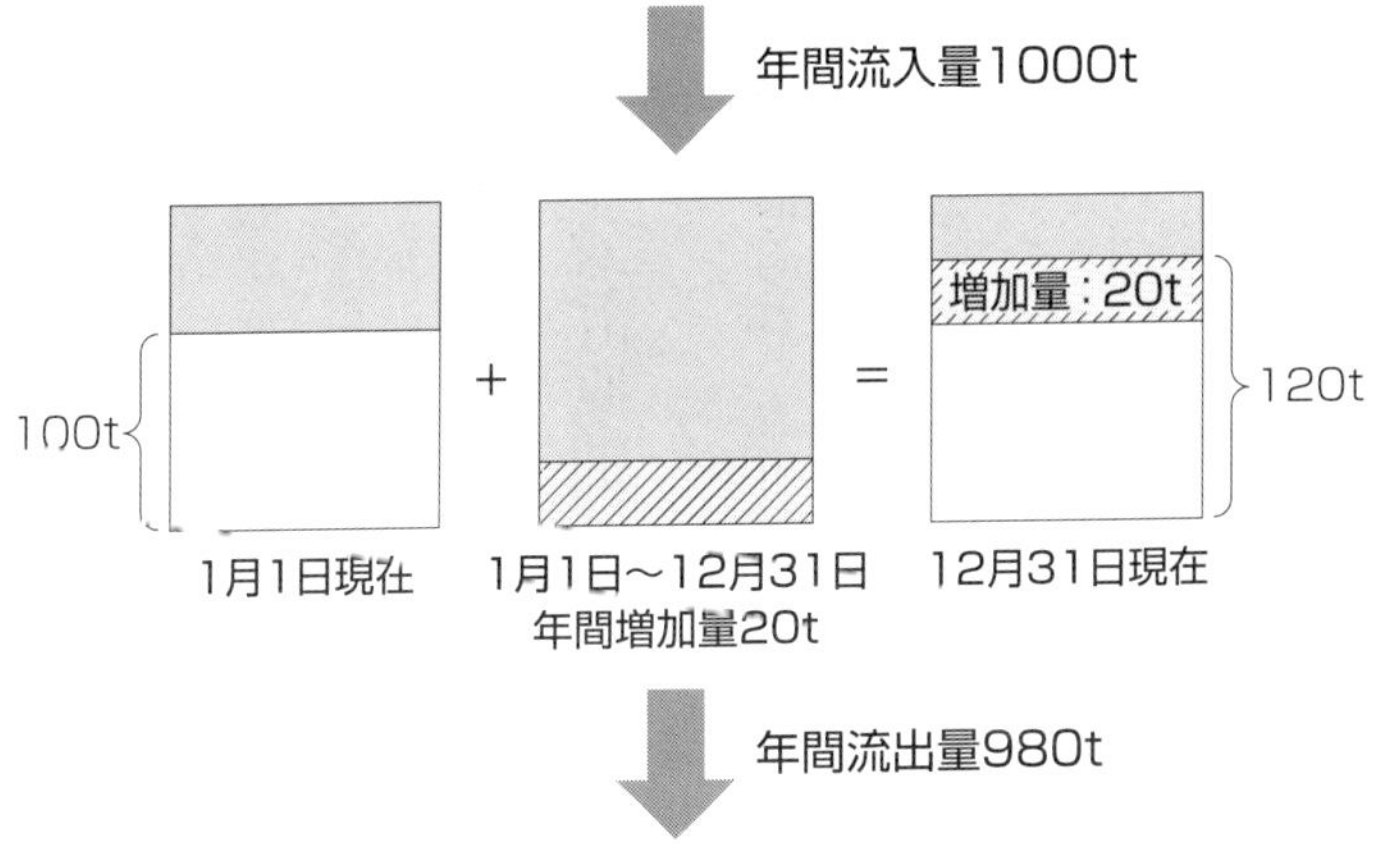

成できるということは知っておいて欲しい。貸借対照表と損益計算書は、会社が作成する二大財務諸表である。複式簿記の素晴らしい点は、一つの事象を、同時にストックとフローという異なるプロセスで捉えているということなのである。

簡単な例で説明しよう。あるダムの今年の貯水量の増加を計算するためには二つの方法がある。一つ目の方法は、ストック情報に基づく方法で、そのダムの一月一日の貯水量と一二月三一日の貯水量を調べることである。例えば、一月一日の貯水量が１００トンだったとして、一二月三一日には１２０トンになった場合には、一年間で増加した貯水量は20トンということになる。二つ目の方法は、フロー情報に基づく方法で、一年間のこのダムに入ってきた水の量と出て行った水の量を計算する方法である。例えば、一年間でこのダムに入ってきた水の量の合計が１０００トンで、一年間でこのダムから出ていった水の量の合計が９８０トンであった場合には、このダムの貯水量は20トン増加したことになる。どちらの方法も、そのダムの貯水量の増加を計算する方法としては正しく、したがってその結論は一致するはずである。複式簿記は、仕訳という記録方法を採用することで、同時にストックとフローという二つの情報を得ることができるのである。

3 会計原則は実践規範であって法律ではない

企業から発せられる会計情報は、様々な利用者の意思決定に重大な影響を及ぼす。経営者は、利用者を喜ばせようとして（それが、結果的に自分の保身にもなるのだが）、企業の経営成績や財政状態を実際以上に良くみせて発表するかもしれない。このような決算を「粉飾決算」と呼ぶ。ちなみに「粉飾」とは、紅やおしろいで化粧することから転じて、「うわべをとりつくろうこと」の意味である。また、粉飾決算の英訳は、「Window dressing」という言葉を使っており、その意味するところが伝わってくるだろう。もちろん、粉飾決算は、法律に反する行為である。

「粉飾」を防ぐための二つの工夫

このような粉飾決算が生じるのを防ぐためには、二つの工夫が必要となる。第一には、会社が公表する会計情報に、独立の第三者による厳格な監査を実施させることである。この監査を行うのが、公認会計士である。第二には、会社の公表する会計情報が、経営者の勝手な論理に基づいて作成されるのでなく、共通のルールに基づくことを守らせることである。公認会計士による監査も、このルールに従っているかどうかの観点により行われることになる。

一般に公正妥当な会計原則

日本の企業会計における共通のルールは、「企業会計原則」である。その前文には、「企業会計の実務の中に慣習として発達したもののなかから、一般に公正妥当と認められたところを要約したものであって、必ずしも法令によって強制されないでも、すべての企業がその会計を処理するに当って従わなければならない基準である。」と、その性格が述べられている。すなわち、企業会計基準とは、法律ではなく、企業が従わなければいけない単なる実践規範でしかないということである。

また、企業会計原則の一般原則の中には、「企業会計は、企業の財政状態及び経営成績に関して、真実な報告を提供するものでなければならない」と定めた「真実性の原則」という原則がある。これは会計の最高規範であり、他の原則は、この原則を支える地位にあると言われている。しかし、ここで言う「真実性」という意味は、唯一絶対の真実という意味ではなく、「相対的真実」を指すと言われている。

私が、簿記を学び始めた頃、この「実践規範」や「相対的真実」という、あいまいな概念につまずいたものである。初学者にとっては、それが必ず守らなければいけない、唯一絶対の普遍的な法律であると宣言してもらった方がどれだけ楽だったかもしれない。

しかし、今となっては、会計原則が、その様な言い回しを使う理由が理解できるようになった。社会が常に変化しているように、企業の行動も、あたかもプロローグに書いた気球のように、その動きに合わせるように常に変化している。流動的な企業の経済行為を表現する会計のルールは流動的にならざるをえないのである。したがって、全ての企業が守らなければいけない公正妥当な会計基準とは、草の根的に培った、その時々の経験の蒸留でしかなく、〝絶対に〟公正妥当なものを目指していないし、また目指すべきではないのである。

コラム 「フローとストックと通信簿」

ストック情報とフロー情報の両方を得ることの有益性を説明するのには、通信簿のつけ方を例にとると分かり易いかもしれない。

私が小学生の頃の通信簿は、その教科がどのくらいできているかを5段階で示していた。たとえば、二学期になって私が努力を怠り、一学期より成績が落ちたとしても、その相対的な習熟度が他の人と比べて優れていたならば、最高の5がついていた。反対に努力を重ね、どんなに習熟度が上がっても、他の人と比べた相対的な習熟度が劣っていたとすれば、1や2が通信簿についた。

このような評価方法だと、生徒の努力の成果が反映できないという批判があり、それぞれの生徒の努力目標に合わせて、「がんばった」か「がんばらなかった」かの評価をすべきであるという意見も出ている。

私は教育評論家ではないので、どちらの方法が教育的に優れているか判断できないが、情報としてはどちらの情報も必要だと思う。自分の実力がどれくらいなのか、また、前学期に比べて、その成績は上がったのか下がったのかも知りたいだろう。

前者がストック情報で、後者がフロー情報に相当することになる。

4 会計基準の国際的な統合

二〇〇七年八月四日の日本経済新聞は、「企業の会計　国際基準と全面共通化」という見出しの記事を一面で報じた。会計に関するニュースが新聞の一面を飾ることは、そんなにあることではないが、このニュースはそれほど産業界に重大な影響を与えるものであった。

記事の内容としては、日本の会計基準を作成している企業会計基準委員会と国際会計基準審議会（ＩＡＳＢ）が、二〇一一年までに、日本の会計基準とＩＡＳＢによって設定される会計基準である「国際財務報告基準（International Financial Reporting Standards, IFRS）」との全ての違いを解消することに大筋合意したということである。

また、同紙の八月一二日の社説では、「会計ビッグバン後の戦略を固める時だ」という見出しで、日本の会計基準の作成について最終的な責任を負う政府（金融庁）が、国際基準の共通化を前提に、どのように日本の戦略を描くかが問われていると締めくくった。

会計基準の統合の動きは止められない

会計基準の国際的な統合の動きは、各国の団体によってバラバラに作られた会計基準を統一し、共通のものさしを作ろうとするものである。企業が一つの国内だけで取引や資金調達をしているのであれば、各国がバラバラな基準に基づいて会計情報を作成しても問題はなかったが、経済活動の国際化に伴ない、それでは不十分となった。今や投資家はどこの国の会社の株式でも購入できるのである。ところが、投資家は、どんなに将来有望な企業であっても、その企業の公表する財務諸表が、特殊な会計基準に基づいて作成されていたら、その会社に投資するのに躊躇するだろう。あるいは、多額な利益を計上して優良企業と思われていた企業が、その会社の属する国の特殊な会計基準によって計算すれば、利益があったことになるが、世界標準の会計基準に従うと赤字になってしまう場合には、その企業どころかその国の信用力は地に落ちるだろう。

残念ながら、世界から、「日本企業の財務諸表は信用できない」という判断を下された時代があった。一九九九年に、英文で作成された日本基準の財務諸表に対して、米国の大手の会計事務所が財務諸表に添付する監査報告書に、「この財務諸表は日本の会計基準で作成されており、また、監査も日本の監査基準で行われている」という「警告（レジェンド）」を付していた。そのため、日本は、会計基準の改正と監査の厳格化という動きで、この屈辱的な処理への対応を進めた。

会計基準の国際的な統合という動きに対して、日本という国が持つ様々な特殊事情を理由に、反対意見を述べる専門家がいないわけではない。しかし、非難を受けることを承知で、私の意見を言わせてもらえば、もはやこの動きを止めることはできない。良いにつけ悪いにつけ、世界の金融市場には国境は無くなっているのである。今、この段階で、日本の特殊事情を言い出したら、日本の企業が資金調達をできなくなるか、あるいは、できても非常に不利な条件を強いられることになってしまう。

会計基準は国策である

実は、前述の日本経済新聞の社説が、政府（金融庁）が、どのように日本の戦略を描くかを問われていると、締めくくったのは、国際的に共通の会計基準を作成しようとする動きは、単に、会計学者のアカデミックな論争ではなく、極めて政治的要素が強い国家間の争いだからである。会計基準の国際的な統合は、英国を中心としたＥＵが外交手段として用いてきたのである。ＥＵは、国家間の統一作業を進める中で、各国バラバラだった会計基準を統一する必要があった。そのような経験を持っているため、共通の会計基準を使うことに強みを持っている。会計は言語であると説明したが、要するに、この問題は、日本人が中国人と交渉をする時に、中国語で交渉するのか、日本語で交渉するのかということと同じである。英国を中心とするＥＵは、自分たちの得意とする言語を交渉において使う言語となるように進めているのである。

日本の孤立を防げ

ＩＦＲＳ（国際財務報告基準）は、既に100か国を超える国が全面採用か一部採用を決めており、二〇〇七年からは中国が、二〇一一年からはインドも採用することになっている。この度、日本の企業会計基準委員会が、ＩＡＳＢと大筋合意した背景には、東の横綱である米国の動きがあった。かつて米国は西の横綱であるＥＵがどのような動きをしようと動じなかった。しかし、突然、米国の財務会計基準審議会（ＦＡＳＢ）が、ＩＦＲＳ（国際財務報告基準）とのコンバージェンス（統合）について合意したのである。東西の横綱が手を結んでしまった以上、日本（ひょっとしたら、幕内にも入っていないかもしれない）が、独自の路線に執着することは不可能になった。

5　簿記・会計を勉強することのメリット

外国語のマスターには限界がある

私は決して流暢ではないが、一応英語で外国人とビジネスができる。しかしながら、いまだに英語には自信がない。中学校でＡＢＣを習って以来、この年になっても辞書を片手に英語と戦っている。世界の情勢を見れば、英語は、ますます当たり前のように使われるようになるだろう。しかし、英語で外国人とコミュニケーションが取れるようになると、世界は広がる。インターネットの普及で本当に世界は小さくなった。経営者は変化する環境の中で、広く情報を収集し、とっさに判断を下さなければいけない。しかし、情報の収集に関しても、判断の拠り所に関しても、世界という視点がなければ、会社は間違った方向に進むことだろう。英語の重要性は益々高まるだろうが、語学をマスターするのに近道はなく、地道な努力を積み重ねるしかないと思う。

しかし最近の私は、中国の人とビジネスをする機会の方が増えてきた。私は中国語ができないし、一口に中国語と言っても、北京語、広東語、上海語とあり、それらは全く異なる言語である。このように外国語をマスターしようとしても限界があるのである。

世界共通語が存在したら？

ところが、簿記や会計は違う。これは世界中どこに行っても、複式簿記の原理に基づくその基本コンセプトは同じである。しかも、幸か不幸か、ＥＵが中心になってＩＦＲＳ（国際財務報告基準）という本当の世界共通語まで作られようとしている。日本の会計基準とＩＦＲＳとの統合は、日本の企業にとってはハンディであるし、私のように日本の会計に慣れ親しんだ者にとっては厄介でしかない。しかし、今から簿記や会計の勉強をする人たちにしてみれば、これほどのチャンスはない。

ビジネスの世界は、会計情報が無ければ成り立たない。世界中のビジネスマンは、この会計上の数字によって動かされていると言っても過言ではない。英語が不慣れであっても、簿記や会計が分かっていると、コミュニケーションがとり易いというメリットもある（私が英語で外国人とビジネスのコミュニケーションができるのも、会計という共通の理解を持っていることが大きい）。

簿記・会計学習は自己への投資

もちろん簿記や会計をマスターするには、地道な努力が必要である。しかし、その基本コンセプトさえ会得できれば、あるいは最初に訪れる山を越えれば、挫折することはない（もちろん、その後も学習は続けなければいけないが）。しかも、その最初に訪れる山は、個人差はあるとは思うが、数週間も勉強すれば十分である。それは、間違いなく、語学をマスターするより割はいいと思える。若いうちに、簿記や会計の勉強をすることほど、効率のよい投資はないと断言できる。

もし世界簿記大会があったら？

日本には、日本商工会議所主催の簿記検定試験（「日商簿記」と一般的に呼ばれている）がある。同所のホームページによると、昭和二九年に創設され、平成一九年度末までの1級から4級の受験者数は累計で2千万人を超え、そのうち700万人が合格し、平成一九年度の年間受験者数も60万人を超えているそうである。一方、法務省の資料によると、平成一七年における日本の会社の数は約３２０万社であり、上場企業は約３８００社である。日本における会社の数を考えれば、この簿記検定試験の受験者や合格者の数がいかに多いかわかるだろう。

私の経験からすると、日本は大変な簿記先進国である。私の知っている限り、日本ほど国民の中で簿記の技術を理解している人の割合が高い国はないと思う。もし、「世界簿記大会」があったならば、日本が上位に食い込むことは間違いないと思われる。しかし、もし「世界会計大会」があったならば、おそらく、残念ながら、日本からの代表者は、予選すら通らないだろう。どうしてそんな差が生じるのだろうか？

まず、日本における簿記能力が高い原因を私なりに分析すると、以下の理由が考えられる。

①日本は、伝統的に「読み、書き、ソロバン」の教育に力を注いでいたように、日本人の感性は簿記という技能に合っており、元々そのセンスがあった。

②日商簿記検定の内容が社会の要求にマッチしており、そこに、資格好きという日本人の性格が加わり、日商簿記検定を受ける気運が高い。

③簿記の専門学校が、答案練習を繰り返して行う日商簿記検定のための優れたカリキュラムを作り出した。

日本の会計教育の問題点

日本という国は、高い簿記能力という社会的なインフラを持ちながら、大学において会計に関する専門的知識を学ぼうとする学生が極めて少ない。それは、あたかも、英語教育に膨大な時間を費やしているが、英会話ができる学生が少ないのと同じ状況である。私は、高度な会計学を教えることを期待されている大学において、次のような問題があるのではないかと思っている。

高度な会計学を勉強する前提には、複式簿記の原理を徹底的にマスターしておく必要がある。そのためには、簿記の練習問題を反復して行うしかないのだが、日本の大学ではその単純な反復練習を積極的に行っていない。複式簿記の原理をあやふやにして、高度な会計学を理解するのは無理である。それは、一通り将棋の駒の動き方を説明しただけで、詰め将棋を解説しているようなものである。将棋の駒の動かし方は、実際に将棋のゲームをしていく中で覚えていくものであり、駒の動かし方が不安な者に、詰め将棋の面白さは理解できない。

また、最近では、会計の教科書に実際の企業の事例研究が登場するようになっているが、会計学の教育の現場において、会計が現実の企業においてどのように使われているかの情報が少ないと思われる。もちろん、大学の目的は学術的なテーマを研究するところであり、産業界で必要となる技術や知識を習得する場所ではないという建て前は理解できるが、そもそも会計とは、変化する企業の情報を表現するシステムであり、時代とともに変遷するものである。これは、コミュニケーションの道具としての英語に興味を持った学生に対して、古典の英文学の和訳ばかりをさせているのと同じであると言わざるをえない。

専門学校の簿記教育

一方、日本の簿記教育のレベルを上げてきた専門学校も、高度な会計の教育の領域となると、公認会計士や税理士の資格試験という限定された需要には対応しているが、経営者になるために会計を勉強したいと望む学生には対応していない。したがって、日本では、会計を専門的に学びたいと言えば、学問としての会計を研究するごく少数の学生を除いて、公認会計士や税理士を目指すことを意味し、それも大学ではなく、専門学校で勉強することになっているのである（大学に籍を置きながら専門学校で学ぶ、いわゆるダブルスクール族を含めて）。

公認会計士は監査の専門家であり、税理士は税務の専門家である。もちろん、そのような資格を取った後に、ＣＦＯを目指そうとする人生設計もあると思うが、ＣＦＯは会計の専門家であると同時に経営者でなければいけない。会計の知識は必要な条件ではあるが、会計以外に学ばなければいけないことも多い。会計という情報を一番利用しているのは企業である。前述のように、日本には会社の数が約３２０万社で、上場企業も３８００社もある（平成一七年度現在）。本来は、企業の経営に役立てるために会計を勉強する人が一番多くいなければいけないはずであるが、日本の会計教育は、受験専門学校による、日商簿記検定、会計士・税理士試験という確立された受験対策システムと、学問としての会計を尊重する大学教育というういびつなバランスで成り立っている。上場企業の経理の人のたちに話を聞いても、ほとんどの人が大学では簿記や会計学を勉強したことがなく（単位は取ったがその内容を覚えていない人も含めて）、会社に入って、たまたま経理部に配属されたために、初めて簿記や会計を勉強したという人が大多数である。

CFOをめざすなら「反復練習」

このような状況の中で、どのようにしてCFOを目指して簿記や会計を勉強していくべきなのだろうか？ 繰り返しになるが、簿記や会計において、一番厄介で重要な局面は、最初に現れる山である。その山を越えるには、反復練習しかない。自制心の強い人は、自分でテキストを買ってきて反復練習をして欲しいし、自信がない人は、専門学校に通うしかないと思う。

このレベルを通り過ぎた人は、次の方法の組合せによって、高度な会計学の知識を習得することができる。

① 大学の講義
② 専門学校の公認会計士や税理士用の受験講座のうち会計に関する講座

③　ＭＢＡのためのビジネス・スクールの講座

さらに、これは多分に宣伝となるが、私は現在、会計専門職大学院で教鞭をとっている。会計専門職大学院は、上述したような、日本の会計教育の矛盾を補うべく、研究者と私のような実務家がタッグを組んで、会計の職業的専門家を育てるために作られたものである。会計の職業的専門家とは、主に公認会計士や税理士を指すが、もちろんＣＦＯも含まれる。一人でも多くのＣＦＯを目指す学生（もちろん、社会人も含めて）が、会計専門職大学院に入学してもらうことを望んでいる。

コラム 「会計基準の国際的統合とスポーツのルール改正」

会計基準の国際的統合の問題を考えていると、この動きは、スポーツのルール改正と似ている。

例えば、少し古いが、バレーボールのワンタッチの問題がある。昔はスパイクに対してブロックをすれば、それが３回のタッチの回数に含まれていたが、現在は含まれていない。このルール改正は、明らかにブロックが得意な身長の高い選手にとって有利であり、守備型の日本には不利であった。また、ジャンプでスキー板の長さが、身長に合わせて決める方法に変更されたが、これも身長の低い日本選手にとって不利であった。

このようなルール改正に対して、日本の競技団体がどのような対応しているのか知らないが、勝負に勝つという意味においては、ルール改正というのは非常に重要である。日本の国益を守るためには、まずはルール改正に対して自国の主張を言うべきであるし（会計基準の場合は、既にこの段階は過ぎているのかもしれない）、また、ルールが決まってしまったら、その改正されたルールに基づいた対策を早急に考えるべきである。

例えば、ポイントを重視する現在の柔道のルールは、一本をとることを美徳とする本来の柔道の姿とは違うと嘆くより、オリンピックや世界大会でメダルをとるためには、ポイントをとる柔道に戦術を変えていかなければいけない。

このように考えると、会計基準の国際的統合というルール改正に対して、経営者がどのように行動すべきかは、自ずと結論が出てくるのではないだろうか。

第8章 CFOとは専門的知識を持った経営者である

1 CFOが経理担当者や財務担当者と違う点

プロローグで「ビーン・カウンター」の説明をしたが、正確な数字を数える仕事が不必要になったわけではない。変動する経営環境を考えると、むしろ、その重要性は上がることがあっても下がることはない。

しかし、正確な数字を報告するだけでは企業の経営はできない。経営者ならば、会計情報を利用する人々が喜ぶ数字を報告したいと考えるだろう。そのためには、二つのアプローチが考えられる。

一つ目は、「会計政策」と呼ばれる手法である。前章でも説明したように、会計における「真実」とは、相対的な真実であり、会計原則も一つの取引について複数の会計処理の方法を認めていることがある。その複数の処理の中で、利用者が喜ぶ結果となる方法を選択するのである。もちろん、上場会社が公表する財務情報には、外部の公認会計士による監査を受けることが義務付けられているので、あくまで適正と認められた処理の方法の中での選択となる（もし、その処理が不適正なものであると判断された場合には、それは粉飾決算になる）。

もう一つの方法は、会計情報の利用者が喜ぶような数値になるように、企業の経営方法自体を変革することである。

企業の経営方法を変革せよ

一番目のアプローチもＣＦＯの仕事ではあるが、ＣＦＯの本質的な仕事は二番目のアプローチである。豆の数を正確に把握した上で、自ら問題提起をし、その問題を分析し、解決策を考えるのが経営者であるＣＦＯの業務である。この点がＣＦＯと従来の経理責任者が違う点である。

また、企業にとって最悪の事態は倒産することである。どんなに赤字であっても、現金さえあれば倒産することはない。一方でどんなに黒字であっても、売上代金（売掛金と言う）の回収ができなかったり、無計画に固定資産を購入すると、資金繰りが苦しくなり、倒産することもある。企業にとって最悪の事態を回避するために、また、企業が成長するためには、現金の動きに注目した資金繰り（キャッシュ・フロー）の管理は重要である。

重要なことは、資金調達の方法によっては、会計情報の利用者が喜ぶ数値が異なってくるということである。例えば、株主から資本金を調達する場合には、株主は最終の利益が多くなることを望むだろうし、銀行からの借入によって資金を調達する場合には、銀行は借入の返済ができるように十分な資産を持つことを望むだろう。企業にとって資金調達は重要であり、その戦略は企業の進むべき経営方法と密接な関わりを持つものである。

単に銀行との関係を良好に維持するという仕事ではなく、経営戦略と関連させて財務戦略を策定していくのが経営者であるCFOの業務である。この点がCFOと従来の財務責任者が違う点である。

CFOのマインドとは

CFOは、経理や財務の担当者である前に、経営者としてのマインドを持っていなくてはいけない。CFOは、常に経営のことを考えた上で、自分の専門分野である経理や財務に加えて人事、経営企画といった管理業務の全てを担うのが本来の姿である。〈図8－1 CFOの役割〉に示されるように、CFOが扱う情報は「過去の実績」から「将来の計画」へ、また、そのマインドも、「スペシャリスト」から「ジェネラリスト」へと守備範囲を広げなければいけない。しかし、だからと言って、「過去の実績」を示す情報や「スペシャリスト」としての能力が不必要になったというわけではなく、それらが全ての基本を成しているので

■ 図8-1　CFOの役割

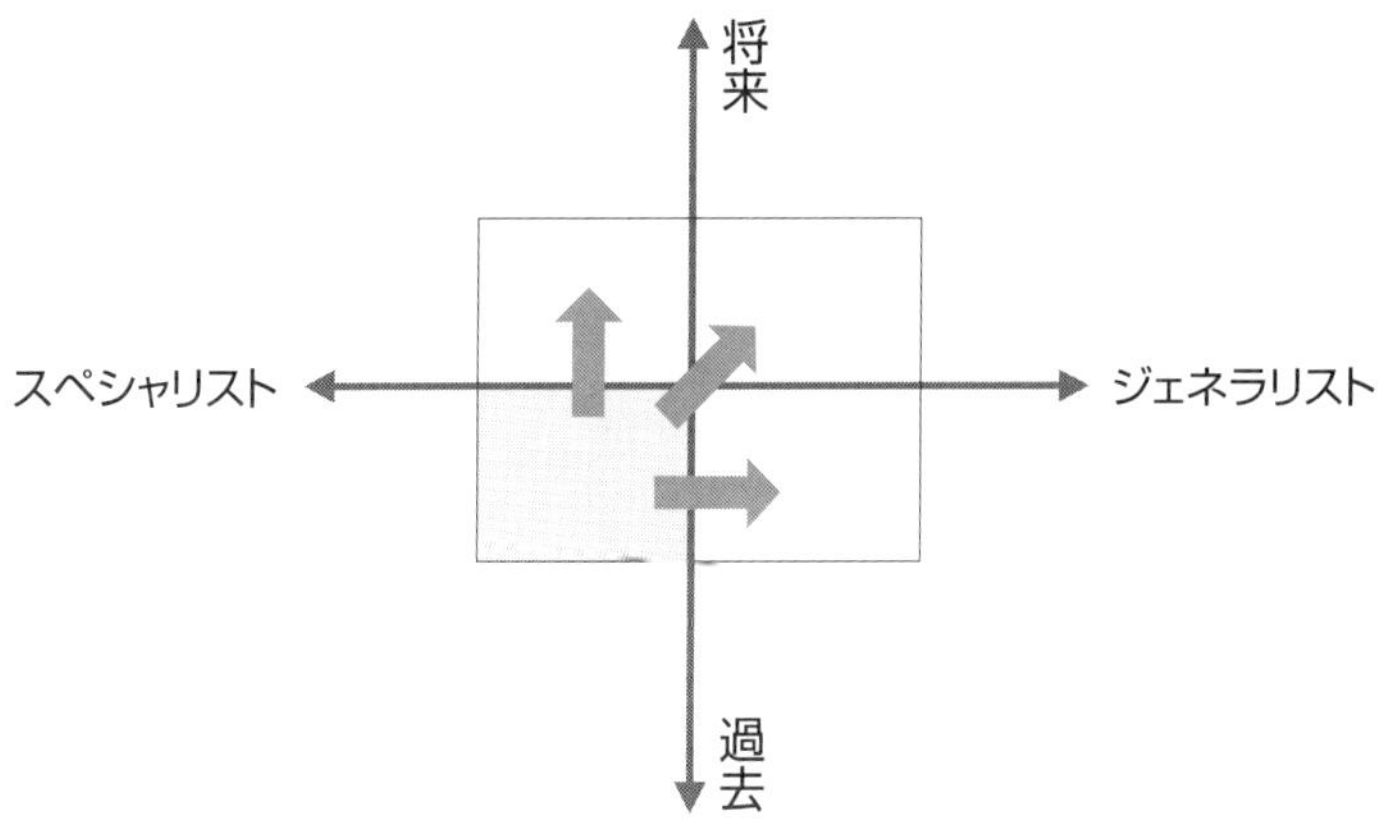

ある。これが、ＣＦＯという業務の難しさであり、やりがいだとも言える。

ＣＦＯと取締役の相違

ＣＦＯのことを説明すると、ＣＦＯと取締役はどう違うのかという質問をよく受ける。「Chief Financial Officer」という名称は米国において使われるようになった。ＣＦＯの〝Officer〟という言葉は、日本語では〝役員〟と訳される。しかし、役員という言葉は、日本では取締役や監査役を総称して使われる。監査役は米国にはない制度であるし、取締役は英語では〝Director〟と言う。したがって、現在の日本の会社法に形式的にあてはめると、ＣＦＯは、経理・財務担当の〝執行役〟ということになるだろう。

しかしながら、執行役という制度は、

二〇〇二年の商法改正で創設された委員会設置会社にのみ認められた機関である。執行役は取締役会によって選任され、取締役会の委託に基づいて業務執行を行う。委員会設置会社とは、米国の会社の機関を模倣して創設された制度である。米国においては、執行役と取締役はその業務が分かれており、前者は会社の実際の業務執行を行い、後者はそれを監督する立場にある。しかし、両者を兼務するケースも多く、この本においては、ＣＦＯという言葉は、その業務に注目して、経理・財務業務を統括する最高経営責任者をさす。

企業経営の難しさは管理手法のバランス

ＣＦＯという言葉が認知される前に、日本では、「ＭＢＡ（Master of Business Administration、経営管理修士）」という言葉が世間の話題となった。確かに、前編で紹介しているようなＣＦＯの経歴を調べると、ＭＢＡのタイトルを有しているＣＦＯは多い。ビジネス・スクールでは、経営戦略、マーケティング、財務会計、ファイナンス、人事管理、法務管理と、様々な管理手法を教えてくれる。それぞれの管理手法は、企業のとるべき行動を明確に示しているかもしれない。しかし、現実の企業経営の難しさは、その無数とも言える管理手法のバランスをどの様にとっていくかだと言える。

コラム 「ビジネス・スクールで学ぶこと」

最近の本屋の書棚には、ビジネス・スクールで習うことのテキストや、タイトルにMBAの文字が入った解説書が多く並べられている。実際にそれらの本を開いてみると、もちろん、それぞれの内容は非常に参考になるものだが、問題はその管理すべき事項があまりにも多いことである。

これらの本からイメージできる経営者になるための訓練とは、私には、次のような曲芸師の練習のように思えるのである。
「まずは右手で二つの赤い玉を回してみましょう」という声に、失敗しながら何度も練習を繰り返す。それができるようになったら、「その調子です。それでは左手でも三つの白い玉を回してみましょう」という追加の命令がくる。やがて両手で6つの玉を回せるようになると、頭上にバランスの悪い皿を乗せられて、「さぁー、ゆっくりと一輪車に乗ってみましょう」と言われる。一輪車の車輪が安定してくると、「前方に障害物がありますから除けて下さい」と言われ、冷や汗をかきながら障害物を除ける。安堵もつかの間、今度は「頭の上の皿が傾いていますよ」という声がする。恐る恐る頭上を見上げると、「右手の玉が・・・ああ左手の方も・・・」・・・・・。

それでも曲芸師は前に進まなければいけない。しかし、今度は罵倒にも似た大声で、「遅い！もっと速く進めないのかね」と怒鳴られる。

会社は生き物である。その会社を経営しようとするために重要なことは、知識の量ではなく、それらの知識をどのように使うかなのである。

第3編

会社は誰のものか？

ＣＦＯが、経理や財務の担当者と異なる点は、ビジネスパートナーであるということである。それでは、経営者たるＣＦＯは、どのような行動基準を持つべきなのだろうか？また、ＣＦＯがどのような成果を残したならば、良いＣＦＯであると評価されるのだろうか？その答えを考えると、「会社は誰のものか？」という議論に繋がっていく。要するに、会社がＸのものならば、経営者であるＣＦＯはＸの望む成果を残せば、優秀なＣＦＯということになるし、ＣＦＯはＸの望む成果を得るための行動基準を持つべきなのである。

第9章 敵対的買収の事例から言えること

1 ライブドアによるニッポン放送の買収

「会社が誰のものか?」という議論が日本で盛んになったのは、ライブドアがニッポン放送に対して敵対的買収をしかけた時からであった。この事件は、欧米で横行している敵対的買収というものが、対岸の火事ではなく、日本においても現実のものとなることを意味していた。

ライブドアという会社の名前が、世の中に知られるようになったのは、同社が二〇〇四年六月に大阪近鉄バファローズの買収計画を発表してからである。この計画は、結果的には楽天の参入により頓挫するが、この一件により同社と同社の社長である〝ホリエモン〟こと堀江貴文の名前は一躍有名になった。

それは「友好的買収」から始まった

ライブドアが買収しようとしたニッポン放送はどんな会社だったのだろうか?ニッポン放送は、フジサンケイ・グループに属しており、同グループは事実上、フジテレビによって舵取りがされていたが、フジテレビの親会社がニッポン放送という、ちぐはぐな経営状態であった。資産規模も圧倒的に小さいニッポン放送が、持株関係の上では、フジテレビを保有するというゆがんだ構造をしていたのだった。

この歪みに最初に眼をつけたのが、「M&Aコンサルティング(俗に村上ファンドと呼ばれた)」代表の村上世彰であった。彼は、フジテレビと共同持株会社を設立し、その下でフジテレビとニッポン放送の両社を事業子会社とする案を提案した。しかし、ニッポン放送の経営陣はフジテレビに対して第三者割り当てを実施する。さらに、フジテレビがニッポン放送に対する持株比率をさらに上昇させるため、二〇〇五年一月一七日に公開買付(TOB)をして、ニッポン放送株式をさらに買付けると発表した。この公開買付は、ニッポン放送側も賛同しており、日本において多く行われてきた友好的な買収であった。

しかし、二月八日の市場が開く直前のわずか30分の間に、ライブドアの子会社である「ライブドア・パートナーズ」が時間外取引で、ニッポン放送の発行済株式の29・5%を700億円で取得した。これによって、ライブドアは既得分の約5・4%を加え、持株比率35%の筆頭株主となった。ライブドアは、過半数を目指して、その後も株式を買い増しすると伝えた。

堀江は、記者会見で、ニッポン放送の株式の取得理由を、フジテレビが保有する放送用のコンテンツをライブドアの得意とするネットで配信することによって、経営のシナジー効果を得ることであると説明した。また、フジサンケイ・グループとの業務提携をも見据えていることも明らかにした。

フジサンケイ・グループの方針

フジテレビ側は、TOBによる目標取得株数を増加させ、ニッポン放送を媒介にしたライブドアからの間接支配（ライブドアがニッポン放送を支配すれば、間接的にフジテレビも支配できるということ）を排除する方針を固めた。さらに、二月二三日には、ニッポン放送の亀渕社長とフジテレビの日枝会長が共同で記者会見を行い、ニッポン放送がフジテレビに対して4720万株の新株予約権を発行するという奇策を発表して、ライブドアに対抗した。

新株予約権というのは、二〇〇一年の商法改正で導入された概念であり、その権利を有する者は、株式の交付を受ける権利を有することになる。もし、この新株予約権の全てが実行された場合、ニッポン放送は発行済株式の約1・44倍の新株をフジテレビに対して発行しなければいけなくなり、ライブドア側がそれ以外の株の全てを市場で買い集めても、ニッポン放送はフジテレビの子会社となる計算であった。

ニッポン放送の経営権をめぐる争奪戦の到達点

ライブドアは、この新株予約権の発行が、商法で禁じている支配権の維持や争奪目的の新株発行に当たるとして、新株予約権の発行を差し止める仮処分を、二月二四日に東京地方裁判所に申請した。東京地方裁判所は仮処分を認める決定を行い、ニッポン放送は即日で東京高等裁判所に対し抗告を行った。しかし、三月二三日、東京高裁も地裁の仮処分決定を支持した。これにより、新株発行は事実上不可能となり、ニッポン放送は新株予約権の発行を断念し、一連の争いは、ライブドアが勝利を収める形で終わった。

ニッポン放送の経営権をめぐる争奪戦に関しては、前述したように、SBI、ニッポン放送、フジテレビと共同で、メディア・通信分野などの新興企業に投資するファンドを設立することに伴い、ニッポン放送が所有するフジテレビ株をSBIに貸し出すという北尾によるプランの発表もあったが、四月一八日に、ライブドアとフジテレビが和解し、両者が業務提携をするとともに、ライブドア側が所有するニッポン放送株式の全てをフジテレビに譲渡し、さらにフジテレビがライブドアに出資することで決着した。

ライブドアの初期の目的が何であったかは不明であるが、ライブドアはこの騒動により、結果として、グリーン・メーラーのように、多額の現金をフジテレビからせしめることに成功した。堀江は、「この世の中に金で買えないものはない」と公言しており、ニッポン放送の株式も上場しているのだから、誰が購入してもいいはずであると、メディアを使って株主の論理を前面に主張した。

日本の旧態依然とした規制やしきたりに閉塞感を持った一部の若者たちは、彼こそが時代を切り開く、ニューヒーローであるともてはやした。しかし、マスコミに意見を寄せる多くの文化人のコメントは、概して堀江に対して否定的であった。彼らのコメントをまとめると、「会社というものは、単なるモノではなく、企業の文化があり、それを支えてきた従業員や顧客（ニッポン放送の場合はリスナー）がいる。そのような会社を支えてきた人たちを無視してはいけない」という具合であった。

事実、二〇〇五年三月二日には、ニッポン放送社員会が、堀江の一連の発言にはリスナー（聴取者）に対する愛情が感じられず、また責任のある放送や正確な報道についての理解をしているとは思えなく、ニッポン放送の資本構造を利用したいだけとしか映らないということから、ライブドアの経営参画に反対する声明を発表している。さらに、開局以来労働組合の無かったニッポン放送に労働組合が結成されるとも報じられた。

2 会社の保有者をめぐる三つの説

「会社が誰のものか?」論争は、メディアの中だけではなく、職場や家庭の茶飲み話にまで広がった。また、研究者の間でも議論が盛んに行われるようになり、様々な説が主張された（1）。

私は、この論争の論点を明確にするためには、少し乱暴な手法ではあるが、この命題に対する答えを、大きく分けて以下の三つの説に分類すると分かりやすいと思っている。

A説「株主保有説」
B説「ステーク・ホルダー保有説」
C説「経営者保有擬制説」

A説の「株主保有説」とは、株主が営利目的で自己の資金を出資することによって会社が設立されている以上、会社は株主のものであるという説である。株主は株主の集まりである株主総会で会社の基本的事項を決めるが、そこで選任された経営者が実際の経営を行っていく。会社の所有者である株主の出資の目的が、会社からの配当を得ることや株式の譲渡益を得ることであるため、会社の目的も営利を得ることとなり、経営者のとるべき行動基準も株主の経済的利益を最大にすることになる。また、この説によると、受託者である経営者が、保有者である株主の状況がどのようになろうと、意見を言う立場にないということになる。

B説における「ステーク・ホルダー」という言葉は、最近の企業経営の現場においてよく使われる概念である。辞書によれば、「ステーク」とは、「何かの結果によって失う危険のある大事なもの」であり、つまり、会社の「ステーク・ホルダー」とは、企業の意思決定によって、自らの大切なものに大きな影響を受ける者ということになり、会社の利害と行動に直接・間接的な利害関係を有する者を指す。そのため、日本語では「利害関係者」と訳されている。企業のステーク・ホルダーには、一般的に、株主のみならず、債権者、顧客、取引先、従業員、地域社会、社会全般、政府・行政・国民等が含まれるとされている。したがって、「ステーク・ホルダー保有説」とは、会社の保有者を様々な利害関係者であるととらえる考え方であり、経営者のとるべき行動基準も、単に会社の経済的利益を最大化にすることではなく、株主を含めた利害関係者全員の利害を調整するということになる。

C説の「経営者保有擬制説」は、高度成長期において、メーンバンク制による間接金融・株式の相互保有を前提として、株主総会が形骸化し、会社の所有者が不在となり、あたかも経営者が会社の保有者であるがごとくなってしまった日本の株式会社の状態を言う。C説は、上記の二つの説（二つの説は相反関係にある）とは異なり、日本の株式会社が結果的にそのような状態になっていると示すものである。したがって、この説で説明する経営者の行動基準は、「経営者のとるべき行動基準」ではなく、結果として「経営者がとった行動基準の傾向」を意味する。

3 株主保有説

米国の経済システムは、一貫して「株主保有説」を前提としている。しかし、時代とともに会社の保有者である株主の性格が変化しており、株主と経営者の関係もそれに合わせて変化している。したがって、「株主保有説」も、株主の変遷に合わせて、さらに以下の三つに分類しなければいけない。

A－1　資本家株主時代
A－2　大衆株主時代
A－3　機関投資家株主時代

（1）資本家株主時代

一九世紀後半から二〇世紀初めにかけて、ロックフェラー、モルガン、デュポンのような資本家は、株式会社という組織を利用して、自分（あるいはファミリー）のために莫大な財産を築いた。これらの大型株式会社は、金融や鉄道の分野に現れ、その後は様々な産業に浸透していった。資本家はこれらの会社の買収を繰り返して、多数の異業種を兼営するコングロマリットを形成していった。この時代の株主は特定の大株主であり、その命を受けて歴史上にCFOが出現する。コングロマリット化した企業群において、大株主は、資本をどのように効率的に配分すべきかという命題に、明確な答えを出してくれる専門家を必要とした。それがCFOであった。

(2) 大衆株主時代

二〇世紀中盤になると、大企業の株式が大衆の間に広く分散する。経営者は、その会社の株式を所有していないか、所有していてもわずかな株数しか所有していない。経営者は自分の富を築くというより、会社のため(株主のため)に働き、そのことによって自分たちが得られる報酬も増えることを目指すが、その報酬は決して高額ではない。この時代は、法律学者が前提とするところの、株主と経営者との良好な関係が存在していたのかもしれない。

しかし、このようなバランスも崩れていく。会社経営のノウハウを持った経営者たちは、株主からのプレッシャーを巧みにかわしはじめ、株主の方も少数の株式(議決権)を持っていても、会社に対して影響力を果たせないことを悟る。その結果、株主総会は形骸化し、単なるショーとなっていった。唯一、緊張する場面があるとすれば、その会社が買収される時であった。一九七〇年代には、企業買収による経営者のチェックという機能が重要視された。すなわち、効率的な経営を行わなかった企業は買収され、あらたな経営者が派遣され、その会社の利益を最大化するというメカニズムが評価された時代であった。

（3） 機関投資家株主時代

機関投資家への変化

二〇世紀末になると、会社の大株主が機関投資家へと変化していく。米国の機関投資家には、投資信託、生命保険、年金基金が含まれるが、七〇年代以降、「カルパース」のような年金基金が大きな役割を演じることになる。

カルパース（CalPERS）とは、カリフォルニア州職員退職年金基金で、The California Public Employees' Retirement System の略称である。公的年金基金の中では世界最大で、総資産は円換算で20兆円（二〇〇五年現在）とも言われている。その運用方針は、年金基金としては異例なほど積極的であり、その資金規模と情勢を先取りしてきた運用手法から、全世界の金融関係者から常にその動向が注目されている。機関投資家としてのカルパースは、投資先企業の経営への介入なども積極的に行う、いわゆる「もの言う株主」の代表格である。

カルパースの究極の保有者は、年金基金を預けている個人である。そういう意味においては、個人が会社の株主になっているのと同じであるが、預かり資産を実際に運用しているのは、それを専門の職業とするファンド・マネージャーである。彼らは、人の資産をあたかも自分の資産のように扱い、その集められた資金量の大きさから、会社に対して発言力を強めている。

投資ファンドとは

また、このような機関投資家の中には、投資ファンドと呼ばれるものも含まれる。これは、企業などへの投資（主に株式の取得）により、株主権利の行使を行い、企業価値を向上させた上で、売却益による利益獲得を目的としている。投資家から資金を集めて一つの財団的なまとまりとすることで、規模のメリットや、影響力の強化を図ることとなる。投資家側からみると、投資ファンドにはリスクがあるものの、通常、相当に高い利回りを目標として設定しており、また、実際の投資家に代わって対象会社に対する影響力の行使を行うなど、表に実際の投資家が出てこない形で投資が行える点もメリットとなっている。投資ファンドによる投資もファンド・マネージャーと呼ばれる投資のプロが担当する。運用者への報酬は、基本的な管理報酬と、運用実績に応じた歩合的な報酬が一般的である。したがって、彼らの目標は、どうしても短期的な株価上昇となる傾向があり、彼らの目標を達成する一つの手段として、経営者に多額のストック・オプションを認めることが多い。

ストック・オプション制度について

ストック・オプションとは、企業の役員や従業員が、一定期間内に、あらかじめ決められた価格で、所属する会社からその会社の株式を購入できる権利をいう。

例えば、あなたの勤務する会社があなたに、その会社の株式を5年間いつでも10万円で購入する権利を与えることを言う。5年以内にその会社の株式の時価が15万円になったら、あなたは契約に従って、会社から10万円で株式を購入し、市場において15万円で売却すれば5万円の売却益を得ることができる。反対に、その株式の時価が5年以内に10万円を上回らなかった場合でも、あなたは何も失わない。

ストック・オプションの制度は、株価が上がれば上がるほど、社員や役員が得られる利益も大きくなるため、業績に貢献した役員らのボーナス（賞与）の代用として利用する企業が多い（一九九七年、商法改正により日本企業も導入が解禁された）。

このように、ストック・オプションという制度は、株価が上がることを前提としており、それは、機関投資家のファンド・マネージャーが目指す方向と同じであり、その結果、異常な株高誘導に働くことがある。

米国は一貫して「株主保有論」を前提としているが、株主が機関投資家となることで、会社の長期的な成長を度外視してまでも、短期的な高配当や株価誘導といった、行き過ぎた状況を引き起こす危険性を有するようになった。また、株主の目的は、経済的な利益の獲得にあるので、株主保有論が潜在的に有する非社会的な欠陥が顕著な形で現れるようになる。エンロン事件やワールドコム事件等の企業の不祥事も、このような状況が背後にあって起こったということを、理解しなければいけない。

4 ステーク・ホルダー保有説

この説は、米国の行き過ぎた株主保有説や市場原理主義へのアンチテーゼとして、主に欧州において主張されている説である。ライブドアがニッポン放送を買収しようとした時、マスコミに意見を寄せる多くの文化人のコメントもこれに近いものであった。すなわち、企業は利益を追求するのみならず、組織活動が社会へ与える影響に責任を持ち、あらゆるステーク・ホルダーからの要求に対して、適切な意思決定をしなければいけないとするものである。会社は社会の公器であり、様々なステーク・ホルダーによって保有されていると考える。したがって、企業の経済活動には、全てのステーク・ホルダーに対する説明責任が課されており、説明できないと社会的容認が得られなくなり、信頼のない企業は持続できないとされる。

この説は、企業のあるべき将来像を示しているのかもしれないが、問題はこの説の根拠は何かということである。前述のように、それは法律ではない。株式会社に関する決まりを定めている会社法を見渡しても、この説をサポートする条文は存在しない。

それでも、あえて、この説の根拠を法学的に解釈すれば、会社とは「法人」である。「法人」とは、自然人に対応する概念で、まさに「法が作った人」であり、自然人が権利義務の主体になるように、法人も権利義務の主体となる。人は、特別な法律による定めが無くても、生まれながらにして当然に、社会に対して貢献をする義務を有しているのと同様に、「法人」も生まれながらにして当然に社会に対して貢献をする義務を有している、ということになる。

5 経営者保有擬制説

日本に株式会社という制度が導入されたのは、一九世紀末にヨーロッパからであった。この制度を最大限に利用したのが、三井、三菱、住友等の財閥であった。これらの財閥は、政商としての事業を出発として、株式会社の制度を利用して巨大な組織へと変貌していった。

しかしながら、戦後、財閥という存在が、天皇制、地主制とともに日本の軍国主義の基盤とみなされ、連合軍最高司令官の命令により、財閥の持株会社は解体されることになる。そのため、株式市場には、持株会社が保有していた大量の株式が出回り、買占め屋による格好の標的となった。そこで、各企業がとった戦略が、株式の相互持合いであった。

株式相互保有システム

株式の相互持合いは、資本の充実の維持を目標とする商法（会社法）の精神に反することになるし、実質的に株主を不在にする。

■ 図9-1　株式相互持合と資金の流れ

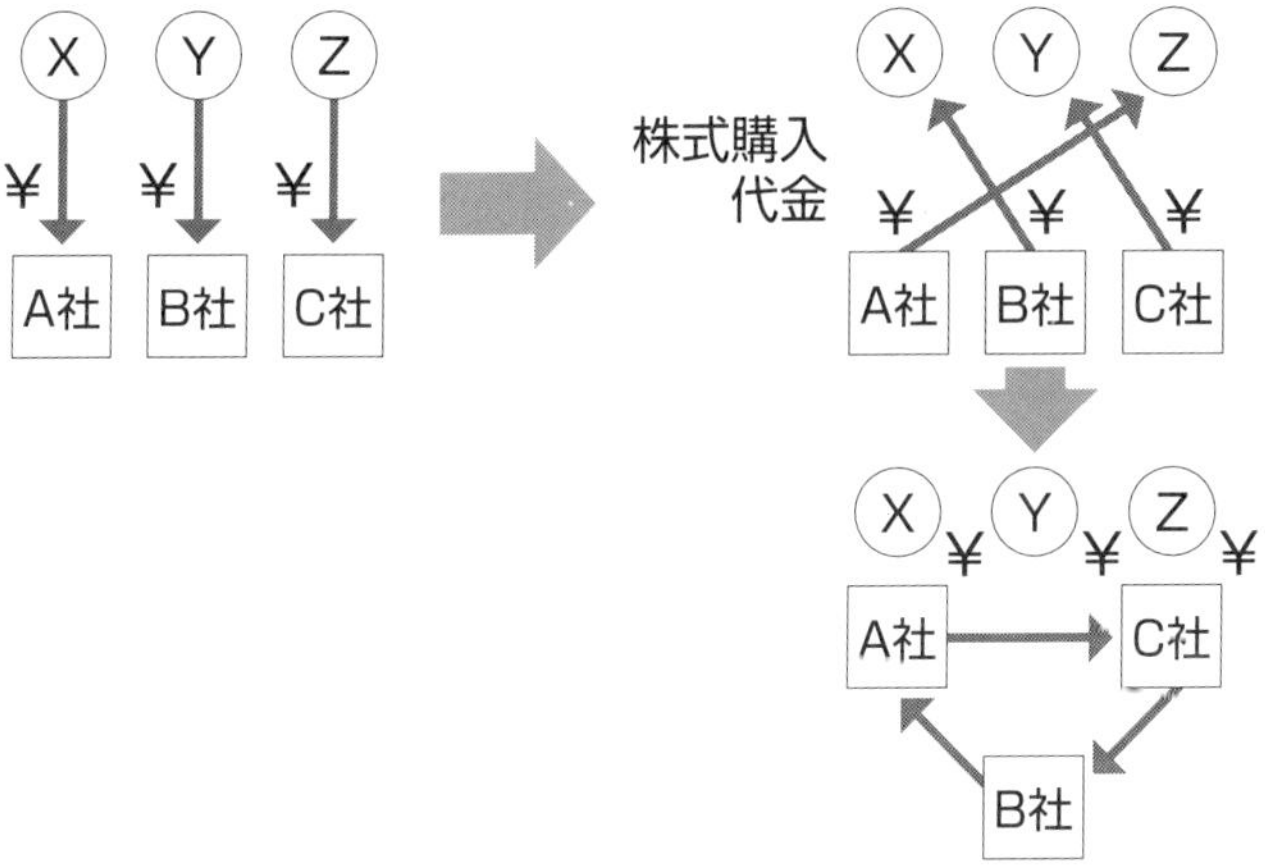

例えば、個人Xが会社設立のために1000万円の現金を用意してA社を設立する。この時点ではA社は現金1000万円を保有する資本金1000万円の会社であり、個人XはA社の株主である。個人Yが1000万円でB社を設立し、個人Zも同様にC社を設立していたと仮定する。そこで、個人Xが所有するA社株式をB社に、同様に個人Yが所有するB社株式をC社に、個人Zが所有するC社株式をA社に売却するとどうなるだろうか？株式の保有状況は、A社がC社を、C社がB社を、そしてB社がA社を相互に持合うことになる。個人X、Y、Zがそれぞれ準備した1000万円は、どこに行ったのだろうか？それらの現金は一旦、会社の口座に入ったが、最終的には、株式の購入代金ということで個人に還流されてしまった。もちろん、

これは極端な例ではあるが、株式を相互に持合うということは、事業のために使われるべき資本金が会社に残らなくなるし、実質的に株主が不在となることが理解できるだろう。

株式相互保有システムが高度成長を支えた

しかしながら、この株式相互保有というシステムは、以下の理由で日本の高度成長を支えることとなる。

①経営者は、株主の存在を忘れて経営に専念できた。

②戦後の日本は、多額の設備投資を必要とする重化学工業を中心に産業を発達させてきたが、メーンバンクを中心とする銀行から借入をする方法で賄った。銀行も、旧大蔵省の指導する護送船団方式に守られて、際限なく企業の資金需要に応えた。

③保有者不在の会社という存在は、日本人の価値観を支配してきた家族制度を彷彿させ、従業員が会社のために一心不乱に働く精神的な基盤を作った。すなわち、家族制度に基づく〝家〟とは、人間にとって普遍的な社会集団であったが、就職した会社も単に給与をもらうだけの存在ではなく、一つの普遍的な社会集団を構成していた。このような傾向は、日本企業がとってきた終身雇用や年功序列の制度によって、さらに強化されていった。

④一般の株主も、高度成長を前提にすれば、株価は右肩上がりで上昇していたので、配当

が少額であっても文句を言わなかった。

このような状態で経営者がとった行動は、業界におけるマーケットシェアや売上高の増加であった。基本的には、モノを作れば売れるし、資金調達はメーンバンクが面倒を見てくれた。経営者の使命は、あたかも「家」の家長として、会社自体の存在感を示すために大きさを誇ることであり、そのことが経営者自身の保身にも繋がった。戦後の高度成長期においては、様々な前提条件が複雑に絡み合って、このようなシステムが好結果を生み出し、それにより、ますますこのシステムを強化していった。

株式相互保有システムの〝ゆらぎ〟

しかし、一九九〇年代に入り、バブル経済が崩壊する頃になると、以下のように、このシステムの前提としていた条件が崩れ始める。

①不良債権の処理を迫られた銀行は、所有していた株式を売り始め、株式の相互持合いが崩れ始めた。市場に出回った株式を買ったのが、外国の機関投資家であった。さらに、日本においても、村上ファンドのような「もの言う株主」が現れた。

②不良債権処理に迫られた銀行は、企業に資金提供をする体力がなくなり、貸し渋り状態となった。また、前述のソフトバンクのように、機動的な資金調達を求めて、直接金融を選

好する企業が現れるようになった。

③社会の成熟に伴い、消費者の嗜好も多様化し、作れば売れる時代ではなくなった。また、従業員の価値観も変わり、就職した会社を普遍的な社会集団とは考えなくなっていた。

このように、バブル経済崩壊後は、日本企業が慣れ親しんだシステムも崩壊していることが明らかになった。しかし、この変化を認知できない、あるいは認知していてもそれを認めようとしない人々が抵抗勢力となって、日本経済の変革が思うようには進まなかった。そのような状況において、颯爽と登場したのが、日産自動車のゴーンであり、それを陰で支えたのがCFOのムロンゲであった。彼らの行った改革を一言で言えば、「株主保有説」の前提に立ち、時代に合わなくなった日本の「経営者保有擬制説」の前提を一つ一つ変革していったということになる。

また、同様に「株主保有説」の前提に立ち、「経営者保有擬制説」を破壊しようとしたのが、村上ファンドである。村上ファンドとは、元通商産業省官僚の村上世彰らが率いる、投資、投資信託、企業の買収・合併に関わるコンサルティングを行うグループの通称である。村上は、二〇〇六年六月にライブドアのニッポン放送買収工作に絡んで、インサイダー取引の疑いで逮捕されたが、あまりにも株主を軽視していた日本において、「もの言う株主」として一石を投じたと評価する声もある。

6 ニッポン放送事件の判例とブルドックソース事件の判例

ライブドアによるニッポン放送の買収に対抗して、ニッポン放送が実施しようとしたフジテレビに対する新株予約権は、裁判所によって違法と判断された。両社の戦いは、巷では、あたかも「株主保有説」対「ステーク・ホルダー保有説」との論争であるかのように言われた。しかし、株主保有説の根拠は法律であり、裁判所は法律解釈をするところであるので、株主所有説を説くライブドアの主張を認めたのは当然とも言える。しかし、裁判所も行き過ぎた株主保有説に対して、一定の警鐘を鳴らしたと言われている。

行き過ぎた株主保有説への警鐘

東京高裁の判決を具体的に見てみると、「被選任者たる取締役に、選任者たる株主構成の変更を主要な目的とする新株等の発行をすることを一般に許容することは、商法が機関権限の分配を定めた法意に明らかに反するものである」と、「株主保有説」の前提を説明したうえで、敵対的買収者による支配権獲得が、「会社に回復し難い損害をもたらす事情」があることを会社が立証できる場合には、新株発行ができるとの見解をした。

「会社に回復し難い損害をもたらす事情」の例として、会社経営に参加する意思がなく、ただ株価をつり上げて高値で株式を会社関係者に引き取らせる目的の場合（いわゆるグリーン・メイラー）等のいくつかのケースを示している。

この判例は、確かに行き過ぎた「株主保有説」に警鐘を鳴らしているものの、会社は株主のものであるという基本的な考えを修正したものではなく、ましてや、「ステーク・ホルダー所有説」的な考えを取り入れたものではない。単に、多数決の論理による大株主の横行に対して、少数株主を保護しようとするものである。

グローバル・スタンダードから異質にみえる判決

また、二〇〇七年八月七日に、最高裁は米国投資ファンドであるスティール・パートナーズによるブルドックソースの敵対的買収に対抗して、スティール・パートナーズ以外の株主に新株を交付することを適法であると認めた。

結果から見ると、ニッポン放送の場合は、敵対的買収に対する対抗策が認められず、ブルドックソースの場合には対抗策が認められる、という全く反対の判例が出たように思われる。しかし、ブルドックソースの場合も、会社は株主のものであるという基本的な考えを修正したものではない。ブルドックソースの判決の場合に、一番重要視されたのは、株主総会で83・4％の株主が当該買収対抗策に賛成していた点であり、「抗告人（スティール・パートナーズ）関係者以外のほとんどの既存株主が、抗告人による経営支配権の獲得が相手方の企業価値をき損し、相手方の利益ひいては株主の共同の利益を害することになると判断したものということができる」と説明している。

日本人の私にしてみれば、この判例は極めて常識的な判決であると思われるのだが、米国流の「株主保有説」の論者には、この判決は、資本主義経済のグローバル・スタンダードから考えて異質なものに見えるようであり、このような法体系を前提とする日本の会社に対して投資を控えるという声明まで出ている(2)。

7 言葉遊びになった経営目標

「会社は誰のものか？」ということが論争になるくらい、会社とは不思議な存在である。しかし、そんな疑問や議論とは関係なく、会社はその活動を止めない。特に、日本の会社経営の不思議なところは、このような根本的な議論の結論が出ないのに、「コーポレイト・ガバナンス」、「企業の社会的責任（ＣＳＲ）」、「企業価値」等のように、実に多くの定義付けが難しい外来のコンセプトを無条件に受け入れているところである。しかも、時として、それらの不明確なコンセプトが会社のスローガンにまでなることがある。この状況を単純化して解説すれば、次のようになる。例えば、ＡとＢが口論をしていて、二人の主張がかみ合わない時に、「それならWということで解決しましょう」という妥協案を出す。ところが、AはWのことをWaだと思っており、BはWのことはWbだと思っている。二人はWという解決策に納得するが、元々二人が思っているWの意味が違っているので、問題の解決にはなっていない。

コーポレイト・ガバナンスとは？

ここ数年、コーポレイト・ガバナンス（Corporate Governance）に関する論争が活発に行われている。コーポレイト・ガバナンスという用語は、日本では「企業統治」と翻訳されているが、この言葉も「株主保有説」を前提とする米国と「ステーク・ホルダー保有説」を前提とする欧州では、意味が違っている。

米国では、会社の保有者である株主が、経営者に対するモニタリング（監視機能）という意味で「ガバナンス」という言葉を使っている。特に、エンロン事件やワールドコム事件等の企業経営者による不正行為の発生によって、強く意識されることとなった。経営者は株主のために、リスク・マネジメントや内部統制を徹底して、株主に対する説明責任を果たし、会社の財務状況や経営の透明性を高めなければいけないという動きになっている。

一方、欧州では、経営者が企業の全てのステーク・ホルダーに対して説明責任を負う、という意味において、この言葉が使われている。

さて、日本における、「ガバナンス」という言葉はどちらの意味を指すのであろうか？「わが社はガバナンス重視の経営です」と答える日本の経営者は多いが、その真意はどこにあるのだろうか？おそらく、その真意は、単に株主の利益のために、リスク・マネジメントや内部統制を徹底し、株主への説明責任を果たすことのみを意図していないだろうと思われる。経営者が「ガバナンス重視」という場合には、コーポレイト・ガバナンスを企業倫理や企業が公器として社会に対して果たしていく責任をイメージしているのだと思われる。

経営者にとって「ガバナンス重視」という台詞は実に便利なものである。この台詞を聞いた株主保有説の人たちは、株主のために会社の体制を変革してくれているのだと認識するだろうし、従業員や顧客、また一般の社会に対しては、ここの会社は利益の獲得のみを目指すのではなく、公器としての企業を目指すことを宣言しているのだと認識される。

企業の社会的責任（CSR）とは？

「コーポレイト・ガバナンス」と同様に、定義が定まっていないのに、頻繁に使われている言葉として、「企業の社会的責任（Corporate Social Responsibility, CSR）」というものがある。

一般に企業は、経済的な利益を上げることで永続的な存在となることを目指すが、企業の行動は、単にその企業の獲得した利益によってのみ測れるものでも、限定されるものでもなく、社会的業績が実現できるよう、「市民としての企業」あるいは「公器としての企業」は行動すべきであるというのが、CSRの考え方であり、元々は、極端な市場原理主義をとっている米国へのアンチテーゼとして、主に欧州において用いられる概念である。

歴史的には、環境問題が盛んに言われるようになった頃から、企業の環境破壊に対抗する主張として、その考え方の基礎がつくられたと言われるが、現在では、対環境はもちろん、対従業員、対地域、対消費者、対顧客等、幅広い分野にまで拡大している。しかし、厳密には、CSRの概念が固まっているとは言い難く、明確に定義することは困難である。

不思議なことに、株主保有説に基づく米国の企業においても、最近CSRという言葉が頻繁に用いられるようになっている。しかし、米国企業が使うCSRという概念は、欧州の例とは全く異なり、最終的には株主の利益のための手段となっている。すなわち、米国においては、消費者に対するイメージの向上を狙い、顧客誘引力を上げるための活動であり、利益をあげるための一つの手段という傾向が強い（もちろん、利益をあげるために社会貢献をしますというストレートな言い方をする企業はいないが）。欧州においては、このような米国型のCSRをCSRとして評価していない。

8　日本企業のゆくえ

株主保有説からの非難

戦後の日本経済は、「経営者保有擬制説」を前提に未曾有の経済成長を成し遂げてきた。しかし、バブル経済崩壊によって、そのシステムを支えてきた条件が崩れていった。残ったのは、法律が想定している形態とは程遠く、不能率で巨大な組織であった。そこに登場してきたのが、米国流の「株主保有説」を前提とする株主たちであった。しかも、株主は一般株主ではなく、機関株主であるので、数と能力（実際の発言は、ファンド・マネージャーによって行われるため）を持ち合わせていた。彼らは、会社の目的は利益の最大化であり、株主から経営を任された経営者のとるべき行動基準も利益の最大化でしかないと、「株主保有説」にすれば、当たり前の主張をしてきた。また、彼らの論理からすれば、市場原理に基づいて、所有者である株主が異動しても、そのことに経営者が意見を言う立場ではないということになる。

日本の経営者の言い訳

この攻撃に対して、日本の経営者は、米国流の行き過ぎた市場原理主義を非難したうえで、自分たちは、あたかも「ステーク・ホルダー保有説」を前提としたような反論、すなわち、「会社は利益を上げるためにだけあるのではない」や「会社は従業員や顧客のためにある」と主張した。しかし、日本の経営者の言ったこれらの反論は、欧州を中心として発達した、企業の社会的責任を全面的に出す「ステーク・ホルダー保有説」とは、程遠いものであり、具体性に欠ける付け焼刃の言い訳にしか聞こえなかった。

地球環境問題や企業の社会的責任を考えると、「ステーク・ホルダー保有説」は確かに優れたコンセプトではあるのだが、この説を推す法的な根拠が不在であるし、この説を前提とした企業や経営者の明確な行動基準が確立してはいない。このような抽象的な主張は、法的根拠があり、しかも、明確な企業や経営者のとるべき行動の具体論も持っている米国流の「株主保有説」論者の前には、ひとたまりもなかった。日本の経営者が、このような抽象論を持ち出せば持ち出すほど、世界の資本市場からは、単なる自己保身のための弁解としか評価されなかった。

「会社は誰のものか?」が本格的なテーマとなる

日本では、戦後長く、株主からの監視が弱かった。だからこそ、企業は長期的な視野に立ち、国際的な競争力を高め、高度成長を可能にしたとも言える。しかし、バブル経済崩壊とともに、株主がその発言力を高め、外国企業による買収の脅威が現実のものとなっている。

日本の代表的企業である新日鉄も、現実にそのターゲットとなっているのが現実である。「会社は誰のものか?」という本源的なテーマを真剣に考えなければいけない状況になっているのである。

新日鉄の三村社長は、次のように語っている。

「アルセロール・ミタルの誕生は、『自分たちの会社は誰のために、存在しているのか』という極めて重要な問いを我々に投げかけたと受け止めています。この問いをもう一度自分自身に問いかけて、答えを出し、それに基づいた対応策をとることが大切です。我々はヘッジファンドやトレーダーのために存在しているわけではありません。我々は、長期に株を保有する株主のために、そして、地域社会、従業員、ビジネスパートナーという重要なステーク・ホルダーに貢献するために存在していると考えています」(3)

一方、日本における「もの言う株主」の代表格である企業年金連合会の矢野専務理事は、次のように反論している。

「外国の資本、外国人の経営だからといって否定はしません。日本企業の業績や株価は外国企業に比べ劣ります。経済のグローバル化が進む中、日本企業、日本経済の発展のためには、海外から資本や経営のノウハウを入れて改革を進める必要があります。現に、日産はルノーの資本を入れ、ゴーン社長になって改革が進んだ。敵対的買収の場合も、あくまで現在の経営陣と買収者のどちらが、長期的に見て株主価値、企業価値を高めるような説得力ある提案

をできるかによって判断することになる」(4)

鉄鋼業界だけではなく、世界的な再編の動きは、日本の企業にも確実にその体質の変革を迫っている。一方で、日本の市場は、少子高齢化の中で確実に縮小している。国内での短期的なシェア争いや、自己保身のためだけの経営者は、株主から駆逐されることは明らかである。

(1)「会社は誰のものか?」に関する説は、次の著作に詳しい。
・「株式会社に社会的責任はあるか」(奥村宏著　二〇〇六年　岩波書店)
・「会社は誰のものか」(岩井克人　他著　二〇〇五年　平凡社)
・「会社は誰のものか」(吉田望著　二〇〇六年　新潮新書)
・「会社とは何か」(日本経済新聞社編　二〇〇六年　日本経済新聞出版社)
(2)二〇〇七年八月八日付け日本経済新聞記事参照
(3)「新日鉄VSミタル」(NHKスペシャル取材班著　二〇〇七年　ダイヤモンド社)p229参照
(4)同書p229~p230参照

コラム 「ストック・オプション制度を望まない従業員」

私が香港のあるエンターテイメント企業の CFO をやっていた時に、ストック･オプション制度を導入しようと提案したことがあった。その会社には、あまりにもバックグラウンドの違う従業員が混在しており、ストック・オプション制度により、会社の一体感を深めようと考えたためである。

その会社の従業員は、国籍で分けて「日本人」と「香港人」の二つのグループがあり、また、職種で分けて「音楽の制作業務」と財務･経理、法務、総務等の「管理業務」の二つのグループがあり、2×2の４つのグループが存在していた。

私の期待とは裏腹に、ストック・オプション制度の導入は、あまり歓迎されなかった。まず、香港人スタッフ（「音楽の制作業務」も「管理業務」も含めて）は、「ストック・オプションの価値の半分でいいから現金が欲しい」と言ってきた。彼らの主張は、株価ほどあてにならないものはないというものだった。次に反対してきたのは、日本人の「音楽の制作業務」スタッフであった。彼らの主張は、「我々の仕事はただでさえ安定していないので、株価がどうしたより、地道に働ける環境が欲しい」と言うものだった。

結局、ストック･オプション制度を歓迎していたのは、日本人の「管理業務」スタッフだけであった（私もこのグループに属する）。企業経営の本質を教えられた瞬間であった。

第10章

企業価値とは何か？

1 突然脚光を浴びだした「企業価値」という言葉

「株主保有説」に立てば、会社は株主のものであり、株主の異動に関して、経営者が口を出すのは本末転倒な行為であると言える。「経営者保有擬制説」に慣れ親しんだ人たちには、敵対的買収は、まさに「お家」の一大事であり、何としても避けなければいけない事態ということになる。しかし、繰り返しになるが、「経営者保有擬制説」はそのシステムを支えてきた諸条件が崩れており、「株主保有説」論者からは、格好の標的となってしまっている。

一方、「ステーク・ホルダー保有説」を前提としても、敵対的買収がイコール悪であるとは言えない。むしろ、有能でない経営者が会社を経営することこそが悪であり、その場合には敵対的買収はむしろ望ましいということになる。

それでは、「良い買収」と「悪い買収」を決める基準は何かということになる。例えば、二〇〇五年五月に経済産業省の企業価値研究会が発表した報告書では、それを決める基準は「企業価値」であるべきだと結論付けている。すなわち、企業価値を高める買収は「良い買収」で、企業価値を損なうような買収は「悪い買収」であるとしている。

この頃から、突然、日本の経営者は、「わが社の経営の目的は企業価値を高めることにある」というセリフを口にするようになった。しかし、この「企業価値」という言葉も、「コーポレイト・ガバナンス」、「企業の社会的責任（ＣＳＲ）」と同様に、その概念が一致しているわけではない。

「企業価値」は便利な言葉

日本の多くの経営者がこの用語を使う場合、それは、単に「企業の価値」をイメージしている。「株価を高めるために経営を行う」と言えば、ライブドアに対する非難と同じ非難が来るだろうし、反対に「社会に貢献するために経営を行う」と言えば、我々の大切な資金を勝手に使うなと、「もの言う株主」から非難を受けるだろう。しかし、禅問答ではないが、「企業の価値を高めるために経営を行う」というスローガンを用いれば、誰も非難することはできない。

しかし、企業価値研究会が使っている「企業価値」という言葉は、金融業界で使っているところの「企業価値」という意味なのである。したがって、金融業界の人々は、この言葉には明確な定義があると、私の説明に反論するだろう。それでは、金融業界で言う「企業価値」の定義は何であるのか？

「企業価値（または事業価値、エンタープライズ・バリューとも言われる）」とは、企業が持つ有機的一体としての事業の価値を金額で表したものをいう。しかしながら、企業の営む事業はそれぞれ異なり、具体的な企業価値の計算方法を一義的に決めることは非常に難しい。金融業界で使われている「企業価値」には、明確な定義があるが、それをどのように計算するかは、いくつかのアプローチがあり、それほど明確な決まりがあるわけではない。

2 資産評価の三つのアプローチ

例えば、あなたが個人タクシーの運転手であり、あなたが保有しているタクシー用の車の価値がいくらか？と尋ねられたら、次の三つのアプローチを考えることができる。一つ目は、その車の購入価額から考えるアプローチである。例えば、その車の購入価額が３００万円で、走行可能距離が１００万キロで、現在30万キロを既に走行している場合には、２１０万円くらいが妥当と考える（３００×（１００－30）÷１００）。二つ目のアプローチは、その車と同じ種類で、同じ走行距離の中古車がいくらで売買されているかという市場の情報を集める方法である。また、三番目の方法は、その車が、将来いくらの現金を稼いでくれるかというアプローチである。例えば、その車を利用してあなたがタクシーの商売をした場合、年間８００万円の売上げを稼ぐことができ、そこからガソリン代や運転手であるあなたの給与分を差し引くと、30万円くらい残るという計算ができて、車の状態からしてあと8年は走行可能とすると、２４０万円ぐらいが妥当と考えるだろう（30×8年）。

企業価値の計算方法

企業価値の計算方法にも、基本的には、これと同じように三つのアプローチがあると言われている。すなわち、過去の支出額を基礎に計算する「コスト・アプローチ」、実際の売買市場で成立している類似企業の株価を基礎とする「マーケット・アプローチ」、そして将来の収益性を基礎とする「インカム・アプローチ」の3種類である。

しかし、タクシー用の車の価値を計算する場合には、三つのアプローチがあると言っても、納得できない読者が多いと思う。なぜなら、中古車の売買の場合には、中古車市場が確立しており、他の二つのアプローチを計算する必要がないからである。それはその通りである。もし、ある会社の企業価値を計算する場合に、その会社と全く同じ業態の会社（規模も、ブランド力等も含めて）の時価が市場に存在するならば、その価格をもって評価するのが最も正確である。

しかし、世の中には全く同じ業態の企業は存在しない。類似の企業は存在するかもしれないが、同じ業態の企業が存在しないからこそ、その企業の存在価値があるとも言えるのである。したがって、実際に企業価値を計算する場合には、これらの3種類のアプローチに基づく評価手法を総合的に勘案して算定することが一般的である。それぞれの方式には長所・短所があり、一つのやり方だけで企業価値を測ることはせず、企業価値を計算する目的に合わせて、各方式を組み合わせて算出するのである。

3 現代の金融業界はDCF法で動いている

しかしながら、現代の金融業界では、前述の通り、一つの方法のみで企業価値を計算しないものの、一九八〇年代後半より、インカム・アプローチ、しかもその中の「ディスカウント・キャッシュ・フロー（DCF）方式」と呼ばれる方法にウエートが置かれている。それには二つの理由がある。一つには、この計算方法も決して完璧ではないが、他の二つアプローチに比べると欠点が少ないという消極的な理由であり、もう一つは、その計算過程が、（「株主保有説」が考えるところの）企業の本来の使命に類似しているので、使い易いという積極的な理由である。

将来フリー・キャッシュ・フローの予測するもの

企業の本来の使命は、保有している資産を活用し、そこから新たな価値（付加価値）を生むことであり、企業価値とは、今後当該企業が生み出すであろう付加価値の合計であると仮定している。具体的には、その企業の将来の業績を予測し、毎年生み出される新たなキャッシュ（フリー・キャッシュ・フロー）を現在価値に引き戻し、その総額を企業価値として計算するのである。

ＤＣＦの計算は、①将来フリー・キャッシュ・フローの予想と②適用割引率の決定という、二つの要素から成り立っている。

その企業の将来フリー・キャッシュ・フローの予測は、中期経営計画による損益情報を加工して計算される。正確な企業価値を算出するためには、フリー・キャッシュ・フロー情報は、なるべく長期間のデータを用いるべきである。しかし、何年分の情報が必要かは当該企業の属する業種の性質により異なるし、先が読めない不安定な時代に何年も先の予測情報が正しいとは言えないので、通常は3年から10年の期間の情報を用いる。

株主保有説に立つ法

将来キャッシュ・フロー予測を実施した後、そのキャッシュ・フローを適切な割引率を用いて現在価値に割戻して合計することで、企業価値は求められる。なぜ現在価値で割り戻す

■ 図10-1　DCF法による企業価値の計算

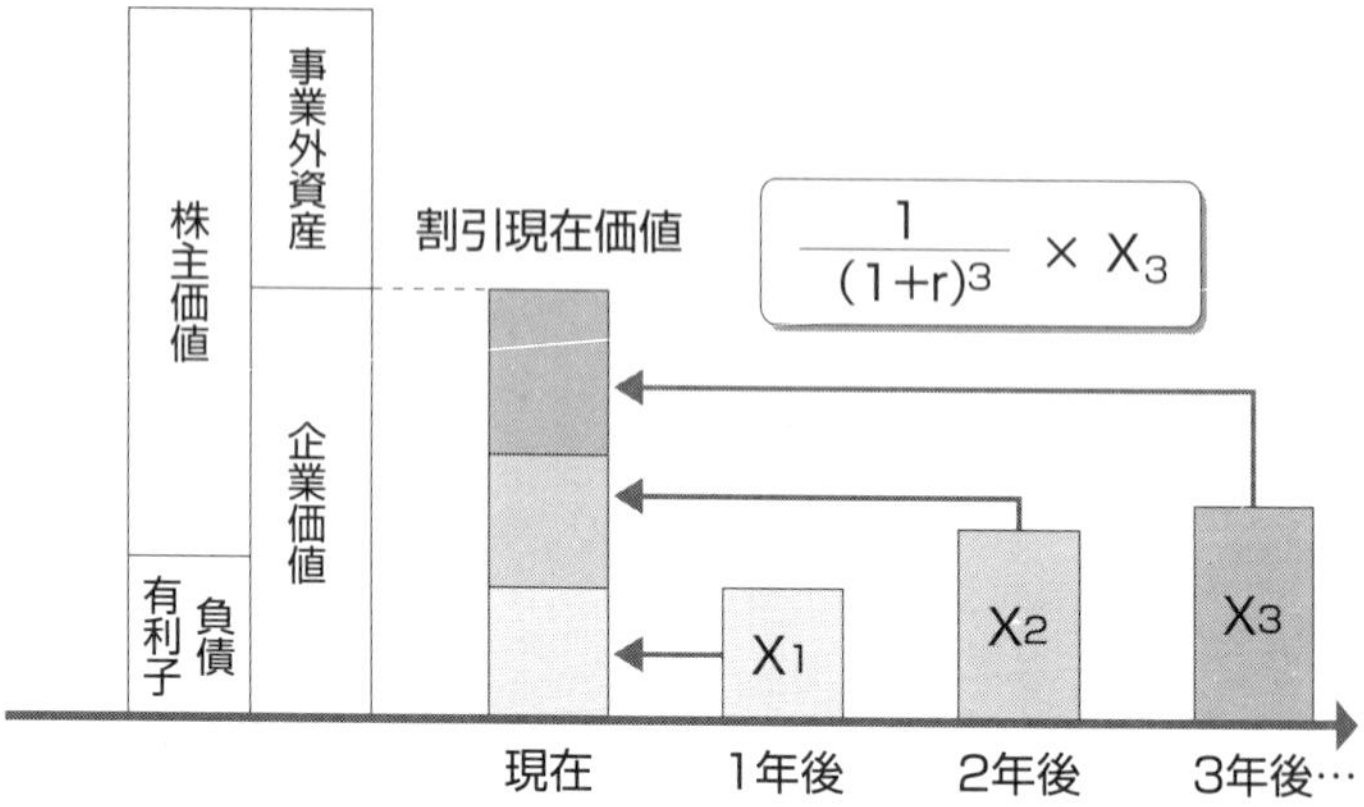

必要があるのだろうか？　それは、1年後のX円と現在のX円は、同価値ではないからである。たとえば、現在のX円は、利子率rのもとでは、1年後に（1＋r）×X円に増えている。この関係を利用すると、1年後のY円を、現在の価値に換算するには、Y＝（1＋r）×Xとおくことで、X＝Y／（1＋r）であると計算される。結論として、1期間の利子率をrとしたとき、1年後のY円を現在の価値に直すと、Y／（1＋r）円になる。このように、将来の価値を現在の価値に変換するとき、（1＋当該期間の利子率）で割引いた価値で表示したものを、割引現在価値(discounted present value）という。

適用割引率が少し変わるだけで企業価値の金額は大きく変化することから、割引率の決定はDCF法による評価額決定の中でも極めて大きな要素を占めるものとなる。通常、適用割引率の選定基準は、算定対象となる企業の加重平均資金調達コスト（WACC）を用いる。これは、有利子負債に対するコスト（利息）と資本コストを加重平均したものである。借入をした場合には、利子を払うので有利子負債のコストという概念は理解しやすい。しかし、資本に対するコストを何かというところが理解しづらい。資本とは、返済義務のない資金であるので、直接的なコストは生じない。しかし、株主は、一定の利回りを想定して会社に投資（あるいは、株式の購入）を行う。一定の利回りとは、国債のように基本的にリスクのないものより、リスクがある分高くなる。このように、資本にコストを認識するところに、DCFが「株主保有説」に立った概念であることがわかる。

「会社の目標は企業価値を上げることになる」と宣言した会社は、通常の場合、DCF法によって企業価値の計算がされる傾向にあるので、①将来フリー・キャッシュ・フローを増加させるか、②適用割引率を下げる、という行動をとらなければいけない。

ヤマダ電機の財務戦略

二〇〇八年二月二七日の日本経済新聞は、ヤマダ電機が、社債を発行して1500億円の資金を調達し、自社株を購入することを発表した。社債は借入であるので、金利を払う必要がある。今までの日本の企業は、このような金利を払ってまで、コストのかからない資本を減らすという財務戦略をとる企業は無かった。しかし、同社が気にしたのは、目に見えない「資本コスト」であった。ＤＣＦの計算上、負債コストは資本コストより安いので、適用割引率を下げることが可能となり、結果的に企業価値を上げることが可能となる。日本経済新聞の見出しも、「米国流「資本コスト」考え方の浸透映す」という表現を使っている。

4 企業が多額の法人税を払うことは善か悪か？

ＤＣＦ法による企業価値の計算方法に従うと、将来フリー・キャッシュ・フローを増加させると企業価値も増加することになる。反対に、企業からの資金の流出が多ければ、企業価値は低下する。多額の資金流出を伴う税金（法人税）の支払は、企業価値を下げる要因の典型ということになる。したがって、経団連は、法人税率の引き下げを政府に要望している。企業の国際競争力を高めるためには、消費税率を上げてでも、法人税率を下げるべきだと主張しているのである。

しかし、一方で、企業の社会貢献を全面に出す、「ステーク・ホルダー保有説」の立場からすると、「日本の雇用を守り、日本で税金を納めることが大切である」という見解も成り立つ。二〇〇六年に経済同友会が実施したアンケートでも、回答した企業のうち75％が、「収益をあげ、税金を納めること」が企業の社会的責任（ＣＳＲ）として、「法令を順守し倫理的な行動をとること」（95%）、「地球環境の保護に貢献すること」（81%）等に次いで、4番目に支持されたということである（二〇〇七年九月二二日日本経済新聞より）。

タックスをコストとみるアメリカ流の考え方

例えば、米国のGEという会社の二〇〇七年度の財務諸表を見てみると、GEグループが計上している法人税の金額は、利益額に対して15・5%という比率になっている（この比率を実効税率と呼ぶ）。日本経済新聞の計算によると、二〇〇七年時点で過去5年間の同様な比率の平均は、トヨタで38・2%、NTTで42・7%となっており、納税額が多い上位30社の中で、7社が50%を上回っていた。これは、日本企業とGEが競争した場合、日本企業がどんなにコスト削減にがんばっても、税金というコストによって負けてしまうことを意味している。また、株式市場においても、利益の84・5%（100%−15・5%）が株主のために残る企業と、利益の半分しか残らない企業では、投資家からの人気度は明らかに違ってくる。

この差はどうして生じるのであろうか？もちろん、経団連が主張するように、米国と日本の法人税の税率の差はある。しかし、米国の税率は約35%で日本の税率は約40%であるので、それほどの差ではない。それより大きいのは、税金に対する経営者の考え方の差である。

GEのような米国の大企業は、米国だけではなく世界中でビジネスを行っている。世界中には、税金の高い国も低い国もある。簡単に言えば、GEは税金の安い国で利益を計上して、税金の高い米国にはその利益を還流させていないのである。GEは税金の安い国で利益を計上して、

米国に還流させた場合には、GEの実効税率は米国の法定税率である35%になるからである。GEは米国の会社であるが、本来米国で全てのビジネスを行った場合に払うべき税率(35%)も払っていないのである。だからと言ってGEは脱税をしているわけではない。米国においては、米国に本来帰属すべき利益に対して課税権を確保しようとする様々な税制がある(詳細は説明しないが、例えばタックス・ヘイブン対策税制や移転価格税制等)。GEは、米国のみならず世界中の税制を研究して、積極的に節税を行っている。

日本の連結会計と連結納税制度の相違から生じるもの

日本の企業は、伝統的にタックス・プランニングを積極的に行っていない。それどころか、日本の法定税率が約40%であるにも関わらず、それ以上の50%を超える税金を払っている企業も多く存在する。もちろん、これらの会社は、税金を払うのが社会貢献だからと、わざと余計な税金を払ったわけではない。その原因は、企業の事情によって異なるのだろうが、その主たる原因は、連結会計と連結納税の制度の差によるものだと推測できる。

連結会計では、日本のみならず外国の会社であっても、親会社の支配力が及ぶ限り、その子会社は、連結会計に含まれる。もし、その連結グループの中に黒字の会社と赤字の会社が

あった場合には、結果的にはその黒字と赤字は相殺されて、グループ全体の利益の金額が計算される。一方、連結納税も、連結するグループの中に黒字の会社と赤字の会社があった場合には、相殺された金額（連結所得）に課税がされるのだが、連結会計に比べて、連結できる会社の範囲が限定されている。例えば海外の子会社や、日本の子会社であっても、100％の持株関係がなければ、連結納税グループに含めることはできない。したがって、赤字の子会社が、連結会計の連結グループには含まれるが、連結納税グループに含まれない場合には、このように、連結会計のグループ全体の利益に対して払う税金の合計が、法定税率である40％を上回ることがある。

日本の連結納税の制度は米国に比べて、その適用条件が厳しいのは事実であるが、おそらく、ＧＥのような会社は、このような制度上の問題が生じても、税法に従った方法で、納税額を減少させる対策を講じてくるだろうと推測される。企業として節減できる税金があったら節減すべきか？この問題は、会社は誰のものか？という命題に対して明確な答えを出さない限り、その回答を出すことができないかもしれない。

しかし、ＣＦＯにとっては、税金という問題は避けては通れない事項である。なぜなら、その会社が積極的な節税をしないと決断した場合であっても、税法という法律に従って納税をしなければ、法律違反になってしまうからである。当たり前の話であるが、法律違反は、どのような説をとったとしても許されるものではない。

コラム 「節税とは？」

私の経験上、税制というものを理解するためには、それが誰もが納得できるものを目指しているものではなく〝我慢できる妥協点〟を目指すものと考えるべきと思っている。税法とは、いつの時代であっても微妙なバランスの上に出来上がっているものなのである。

また、「税制は簡単で分かり易くすべきだ」という主張がある。確かに現代の税制は複雑過ぎるが、世の中が複雑になっており、調整しなければいけない事項が増えているので、それは無理な相談である。

したがって、「脱税」と「節税」の差も、そんなに明確でないことが多い。もちろん、売上金額を故意に隠したり、架空の経費を作ることは明らかに脱税であるが、実際にはその判断が非常に微妙なケースも多い。

さらに、世の中で「節税案」と言われているものの多くは、税金を払う時期を遅らせているに過ぎないことにも注意しなければいけない。例えば、今年の利益を来年の利益に先送りするような節税案である。確かに今年は税金を払う必要がないが、それは永久に税金を払わなくてよいということではなく、来年になったらその分の税金を払う必要がある。

それでも世の中には、「節税」という言葉に弱い人が多い。なかには、「節税」という言葉にだまされて、実は損をしている人もいる。例えば、ある会社が 100 万円の商品を 120 万円で売ったとする。税率を 40%とすれば、8 万円の税金を払わなければいけない((120-100) × 40% =8)。「8 万円の税金を払うのがもったいないので」、あるいは「8 万円を節税するために」、その商品を 100 万円で売るのはどうかということを本気で考える人がいる。

100 万円で仕入れた商品を 100 万円で販売するわけだから、確かに利益は出ず、税金を払う必要がない。しかしその会社は、本来もらえる 20 万円を失っている。たとえ税金を余計に払うにしても、差し引き 12 万円の損をしたことになる。

第4編

既存システムの限界と新しい時代のCFO

地球温暖化問題に代表されるように、環境問題は一刻の猶予も許されない人類共通の課題となっている。また、日本では、超高齢化社会が到来しつつあり、今後の経済は、我々が過去に経験もしたことがない状況を迎えるかもしれない。一方、過度な市場原理に基づく、米国型の資本主義システムは、頻発する企業不祥事の例を見ても、明らかに曲がり角に来ていると言わざるをえない。

新しい時代の経営参謀（ＣＦＯ）の姿を考える場合、以下の二つのことを前提としなければいけない。

①環境問題等の人類共通の問題を解決するためには、企業の目指すべきパラダイムを変更せざるをえないこと。

②おびただしく起こる企業の不祥事の例が示すように、経営者が、忠実なる代理人であることが期待できなくなっていること。

この編においては、これらの既存システムの限界を示してうえで、この本の結論である新しい時代のＣＦＯ、すなわち経営参謀に必要とされる資質を説明する。

第11章 企業のパラダイム・シフト

1 持続可能な社会をめざして

これは誰に聞いても異論のないことだと思うが、人類にとって企業という存在は無視できない存在となっている。個人や政府が環境問題にどれだけ真剣に取り組んでも、企業が協力しなければ意味がない。それどころか、企業が率先してこのような問題に取り組まなければ、解決策を見つけることも不可能である。株主保有説を前提とする企業の社会的責任とは、企業が法令遵守を怠ったり、不祥事により消費者を敵に回すと企業の存続ができなくなり、結果として株主に損害を与えてしまうという、極めて受動的なものでしかなかった。

持続可能な社会を考えると、企業は、真なる意味での社会的責任を果たさなければいけない状況になっている。しかしこのような考え方も、企業のあるべき姿を示しているだけで、現在の法律でこれを後押しするものはない。企業の経営者が、利益の獲得より社会貢献を優先すると、株主から取締役の忠実義務違反であると訴訟される可能性もあるし、不適切な経営者として解任されることになりかねない。また、仮に、何らかの法律により、このような考えが認められたとしても、経営者は、具体的にどのような行動基準を持つべきなのか、世界中の企業を見回しても、経済的利益と社会貢献という、本来的には方向の違う二つのベクトルのバランスを管理する明確な基準を確立している企業はない。

しかし、世界中から伝えられる情報を見れば、時間的にはそんなに余裕が無いのは明らかである。人類は企業という世界中に張り巡らされた強力なネットワークを味方につけ、様々な難題にあたっていかなければいけない。近代的株式会社というシステムが、この世に出現してから、せいぜい一〇〇年ぐらいしか経っていない。私にはどのようなプロセスを経て、企業のパラダイムがシフトしていくのかを説明することができないが、企業のパラダイムは変わらなければいけないし、変わるはずである。それが人類の英知だと思っている。

2 参考となるべき事例

企業のパラダイム・シフトに直接的に影響を与える事象はまだ生じていないが、いくつかのヒントとなる事象は生じている。

例えば、国連事務総長であったコフィー・アナン氏が、責任投資原則（The Principles for Responsible Investment）の発表をするために、二〇〇六年四月二七日にニューヨーク証券取引所に姿を現した。責任投資原則とは、機関投資家の意思決定プロセスにＥＳＧ課題（環境、社会、企業統治（Environmental, Social, and Corporate Governance））を反映させるべきとした世界共通のガイドラインである。これは、法的拘束力のない任意の原則ではあるが、多くの金融機関がこの原則を順守することを宣言している。

また、最近、社会的責任投資（ＳＲＩ：Socially Responsible Investment）という概念が脚光を浴びている。これは、企業の社会的貢献に基づいて投資先を選択して、そのような企業に投資しようとする考えである。社会的責任の評価基準の例としては、法令順守、労働等組織内の問題だけでなく、環境、雇用、健康・安全、教育、福祉、人権、地域等さまざまな社会的問題への対応や積極的活動が挙げられている。

このような投資手法は、経済的にも高収益があげられるという純粋に投資利回りを目指してのものから、企業に社会的な存在としての責任を果たさせることの後押しをして、健全なお金の流れを造ることによって持続可能な社会を構築することを目的とするものまで、その具体的な内容は様々ではある。現在では、世界全体で３００兆円以上のＳＲＩ資産が運用されていると言われている（しかし、米国においては、人から預かった資金を無制限に社会貢献に使うのは、受託者として忠実義務を果たしていないのではないかという指摘もされている)。

また、環境改善に対してマイナスの行為をした企業に重税を課し、その追加的に徴収した税金を環境改善に対してプラスの行為をした企業には補助金を与える「環境税」や二酸化炭素の排出量を定め、その排出権を市場原理に基づいて売買させる「二酸化炭素排出権」のような工夫は、今後の企業経営の新しい仕組みを考えるうえで、ヒントになるシステムであると思う。

コラム 「相対的真実を見る方法」

変化する環境の中で、ルールが固定的であったなら、見えるものも見えなくなる。変化には、変化で対応しなければ、真実の姿を見ることができないのである。

そう言った意味において、会計に限らず、企業の経営を考えるうえでも、「相対的真実こそが真実である」という発想は非常に有益である。

それでは、経営者はどのようにして相対的な真実を見る目を養えばいいのだろうか？少し話は脱線するが、一つのエピソードを紹介しよう。私が米国勤務をして間もない頃、英語のリスニングについて悩んでいた。その時、ある先輩が教えてくれた。「ネイティブの英語のリズムやスピードが聞きとれるようになる感覚は、急行電車に乗って通り過ぎていく駅の名前を読み取る感覚と同じである」と。

その先輩のアドバイスは、「通り過ぎていく速さに合わせて、自分の感覚も動かせば、見えなかったものも見えるようになるし、聞こえなかったものも聞こえる」ということであった。

変化が著しい外部環境を相手にする企業経営においては、朝令暮改と非難されても、臨機応変の姿勢が重要ということなのかもしれない。

第12章 なぜ不正会計は無くならないのか?

1 ライブドア事件とエンロン事件

二〇〇六年一月一六日16時頃、「東京地検特捜部が、証券取引法違反の疑いでライブドア本社および社長の堀江貴文の自宅、新宿の事業所などに強制捜査」とテレビ各局が一斉に報道を開始した。当初ライブドアはこれを否定したが、強制捜査は現実のものとなった。そして、三月一三日、証券取引等監視委員会は、二〇〇四年九月期の連結決算を粉飾した疑いで、堀江らと法人としてのライブドアを証券取引法違反(有価証券報告書の虚偽記載)容疑で東京地検特捜部に告発した。

また、六月五日には、この事件が波及する形で、ライブドアのニッポン放送買収工作に絡んで堀江と連携していたと言われている村上ファンドの村上世彰が、インサイダー取引の疑いで逮捕された。

ライブドア事件は、株式市場のみならず、社会に対して与えた影響の大きさから、日本版のエンロン事件と称する人も多い。確かに、両方の事件には次のような共通点がある。
①両事件とも、企業トップの経営者が中心になって起こした事件である。
②粉飾の手法として、SPVを用いて連結外しを行っていること。
③本業のビジネスをごまかすということではなく、高騰した自社の株式の時価の信用力を前提に、会計上のスキームを利用したものであったこと。
④両事件とも、法律の穴を利用したものであり、その後その穴を防ぐ法改正がされたこと。

2 100%正しい人間もいなければ、100%悪い人間もいない

企業を舞台とした不祥事は後を絶たない。しかし、そのような事件がある度に、世論はその首謀者である経営者の倫理感の無さを非難し、その非難を聞いた者は、自分はそんな悪い人間ではないからと、それらの事件を自分の問題ではないと結論づけてしまうことが多い。

犯罪をした経営者のことを調べてみると、そのような人物は、決して完全なる悪人ではない。そのような人物を弁護する気はないが、むしろ社会一般の平均から考えれば、魅力的な

人物であるケースが多いと言わざるをえない。考えてみれば、少なくとも企業のトップに立つ人間として選ばれているのだから無理もないことである。組織を切り盛りしていたのだから、彼のことを信頼する部下が必ずいたはずである。その部下たちもカネの力で従わせたに違いないという反論は、当たっていないと思う。人間という動物は決してカネの力だけでは動かないものである。私は、犯罪をした経営者は、完全なる悪人ではないが、僅かな悪意が原因でそのような行動を起こしてしまったと考えるのが正しいのではないかと考えている。

ここで、将来、企業の経営者になりたいと思っている若者に質問をしたいのだが、「あなたはいかなる状況であっても、犯罪をしない自信がありますか?」と。

こう聞かれると、「自信があります」と即答できる人は少ないだろう。私は、企業の不祥事や、不正会計の問題の原因と対策を考える場合には、常に「100%正しい人間もいなければ、100%悪い人間もいない」という前提に立つことが重要であると考えている。

ミルグラム実験

エンロン事件は、米国の経済だけではなく一般社会までも巻き込んだ一大事件となり、ドキュメンタリー映画まで作られている。その映画の中では、一九六〇年代に行われたある実験の内容が紹介されている。

その実験は、イェール大学の心理学者であるスタンリー・ミルグラム博士によって行われたものである。この実験は、アイヒマン実験とも呼ばれ、ナチス・ドイツのユダヤ人虐殺の責任者であるアドルフ・アイヒマンの裁判における、「アイヒマンとその他の虐殺に加わった人達は、単に上の指示に従っただけなのかどうか?」という質問に答えるために始められ、閉鎖的な環境下における、権威者の指示に従う人間の心理状況を示すものである。

この実験における被験者は、役者が演じる「もう一人の参加者」とペアを組み、実験者によって二人は学習における罰の効果の実験に参加するのだと告げられ、あたかも被験者ともう一人の参加者が、くじ引きで偶然に「生徒役」と「教師役」に分けられたかの様に分類される。

被験者は必ず「教師役」を務める様に仕組まれ、「生徒役」を務めるもう一人の参加者が、あらかじめ仕込まれた役者だとは知らされていない。教師役を務める被験者と生徒役は別々の部屋に分けられ、お互いの声のみがインターフォンを通じて聞こえる状況下に置かれる。ここで教師役は、対になる二つの単語のリストを読み上げ、その後、対になる単語の一方のみを読み上げる。その単語に対する答えを4択で出し、生徒役は1から4のボタンのうち、答えと信ずる番号を押す。教師役は、生徒役が間違えると相手に電流を流し、一問間違えるごとに15ボルトずつ、電流の強さを上げていく。生徒役が正解すると、教師役は次の質問に移る。ここで、教師役の被験者は、実際に生徒役に電流が流されていると信じているが、実際には電流は流されておらず、生徒役を演ずる役者によって、あらかじめ録音された各電流の強さに応じた痛みの声が流されるだけである。

電流がある程度以上の強さを超えると、生徒役は机や壁を叩き、教師役に向かって心臓の不調等を訴える。電流がもっと強くなると、生徒役からは何の応答もしなくなる。何人かの被験者は実験の中止を希望し管理者に申し出たが、ほとんどの被験者は、「一切責任を負わない」ということを確認したうえで実験を継続した。中には、電流を流した後の生徒役の絶叫を聞いて笑い声を出すものもいた。実験結果としては被験者40人中25人が、用意されていた最大の電圧である450Vまでもスイッチを入れた。

権威者からの指示と暗黙の指示

この実験が言わんとしていることは、普通の人間であっても、閉鎖的な環境下において、権威者の指示があれば、非人間的な行為まで行ってしまうということである。したがって、企業においては、経営トップが従業員に指示を出せば、従業員は、それが間違っていると思っても実行してしまう危険性を有しているということであり、また、経営者も、権威者の指示があれば、そのような命令を下すということである。

それでは、エンロン事件やライブドア事件においては、ケネス・レイや堀江に対する権威とは何だったのだろうか?私は、それが、会社は株主のものであり、株価が上昇すれば株主たちが喜ぶという「暗黙の指示」であったのではないかと考えている。彼らの行動は、単に自己の利益のためだけに行ったと主張する人もいるだろうが、またそれは自己の行動を正当化するための方便だったという限定的な理由だったかもしれないが、そのような「暗黙の指示」が彼らの行動を後押ししたのではないだろうか。

3 「仏造って魂入れず」にならないように

イメージが伝わらない「内部統制」の定義

相次ぐ会計不祥事やコンプライアンスの欠如などを防止するため、米国のサーベンス・オクスリー法（SOX法）に倣って、日本でもいわゆる「JSOX法」が導入された。JSOX法という呼び名は俗称で、実際には従来の証券取引法が抜本改正された「金融商品取引法」の一部の規定がこれに該当する。同法では、上場会社等に、事業年度ごとに、当該会社の財務諸表の適正性を確保するために必要な体制について評価した報告書（内部統制報告書）を内閣総理大臣に提出することを要請している。また、内部統制報告書には、公認会計士又は監査法人の監査を受けなければならないことになっている。

金融庁の企業会計審議会内部統制部会は、内部統制を以下のように定義している。

「内部統制とは、①業務の有効性及び効率性、②財務報告の信頼性、③事業活動に関わる法令等の遵守、並びに、④資産の保全、の四つの目的が達成されていると合理的な保証を得るために、業務に組み込まれ、組織内のすべての者によって遂行されるプロセスを言い、①統制環境、②リスクの評価と対応、③統制活動、④情報と伝達、⑤モニタリング（監視活動）、および、⑥ＩＴ（情報技術）への対応、の六つの基本的要素からなる。（文中の番号は著者がつけた）」

これは、米国の「ＣＯＳＯ（レッドウェイ委員会組織委員会）フレームワーク」をベースに若干の修正が加えられたものであり、この定義の中には、再定義が必要な様々な概念が含まれているので、一読してもその内容が伝わってこないと思われる。要するに、企業の経営者が、善良なる管理者として当然に心がけなければいけない、経営に関する全ての事項だと考えればいい。企業にとって内部統制は重要であり、経営者には内部統制を整備する義務があると言われれば、そのことに全く異論はない。

ＪＳＯＸ法の問題点

しかし、本来、内部統制という概念は、ミドルマネージメント以下の者に対する管理には有効ではあるが、昨今の企業の会計不祥事は、経営トップによるものであることを考えると、問題となった原因とその対策が一致していない。

また、企業経営のやり方は、企業によってまちまちであり、守らなければいけない内容の細目をリストアップして、チェックするというのは、いかにも子供に対する対応であると言わざるをえない。この点については、金融庁企業会計審議会内部統制部会長の八田進二青山学院大学大学院教授も、「少なくとも二〇世紀までは、内部統制というものは法になじまないという視点で論理展開をしていた」と発言している（会計・監査ジャーナル二〇〇七年四月号掲載の「座談会　内部統制実施基準の公表をめぐって」より）。

私の心配は、このような子供に対する対応をした場合、経営者側も子供の対応をしてしまうのではないかということである。管理当局が、厳しい細かなルールを定めれば、経営者側は、そのルールさえ守っていれば、内部統制の整備は万全と思いこんでしまう危険性があるということである。

経営者の倫理の問題は、非常に重要であるが、人間という動物を対象にする以上、ミルグラム実験の結果が示すように微妙な問題を含んでいる。結局は、その経営者個人の道徳的な問題でしかない。人間の感情というものは完全ではない。子供の対応をすると、その対応がプラスに働くのか、マイナスに働くのかを十分に検討しなければいけないと思う。私の個人的な意見としては、経営者の倫埋の問題は、経営者が個人の問題としてとらえてもらい、大人になってもらうしかないと思っている。したがって、監督する側も大人の対応をすべきなのではないだろうか。

コラム　「日本人は資格好き」

私がロスアンゼルスの会計事務所に勤務していた頃、米国の公認会計士（USCPA）の試験を受験した。私は、経済学部の卒業であったので、カリフォルニア州では受験資格が無かった。しかし、資料を調べてみると、アラスカ州は４年制の大学さえ卒業していれば受験資格があるということがわかり、わざわざ、アンカレッジまで飛行機に乗って試験を受けに行った。

驚いたことに、私が宿泊したホテルは、日本人でごった返していた。しかも、彼らはコーヒーショップで、電話帳のようなUSCPAの過去問集を広げていたのである。聞けば、私と同じように受験資格の関係で、日本からわざわざここまでやって来たというのである。

翌日の試験会場は、実に不気味であった。受験者のほとんどが日本人で、「身分を証明するIDを見せなさい」という試験官の英語の質問に戸惑い、顔を見合わせていた。かく言う私も、その質問は理解できたが、いったい何時から試験が始まったのか理解できなかった（試験官は、試験の始まる前に、長々と注意事項を読み上げていたので）。

試験後、私は事務的な用があって、アラスカ州の試験事務局に電話した。すると、「お前はアラスカに来て会計士をやるのか？」と矢継ぎ早に質問をされた。「残念ながら、私はロスアンゼルスにおります」と答えると、「どうしてアラスカ州に来る気もない奴らのための事務処理で、俺は徹夜をしなければいけないのか？」と文句を言い出した。さらに、「IDの意味もわからない人間が、どうして、会計士の試験問題を解答できるのか、私には理解できないよ」と泣き言までも言い出した。聞けば、あの時の日本人のほとんどが、好成績で試験に合格したとのことであった。

その翌年から、アラスカ州は規則を変えたそうである。

第13章 新しい時代のCFOに求められる資質

さて、ここまでの内容を読んでもらって、読者がCFOという職業に興味をもってもらえたら、著者としてはこれほどの喜びはない。この章では、この本の結論として、CFOになるための資質とは何であるかを記すことにする。

CFO、すなわち経営参謀には、実に多くの種類の知識と才能が必要である。しかし、それを簡単にまとめると、次の三つの資質に集約できると思われる。

①会計・財務等に関する専門的知識
②経営のセンス
③高度な人間性

上記に掲げた三つの資質に多少の解説を加えると、以下のようになる。

1　会計・財務に関する専門的知識

繰り返しになるが、CFOは経営者である。しかし、CFOが経営者になれるのは、専門的な知識があることが前提となる。CFOになるためには、まずは、会計や財務に関する専門的知識を有することがスタートとなる。残念ながら、これらの専門的知識を得るための近道はなく、地道な努力が必要となる。

さらに、CFOは、様々な数値や情報を経営のために役立てる能力も有していなければいけない。CFOの担当領域としては、「財務戦略」、「資金管理」、「年金運用」、「税務戦略」、「内部統制」、「会計監査」といったミクロな領域から、「経営管理」、「リスク・マネジメント」、「事業戦略の策定」、「ビジネスモデルの再構築」などの、会社全体を対象とするマクロな領域にまで広がる。しかし、どんな時でも、CFOは経営者であるということを忘れず、単なる知識の収集に偏らないように注意する必要がある。

また、CFOは、部署でいえば、自分の専門分野である経理、財務部門以外に、人事部門や経営企画部門など、企業の多くの部署をカバーしなければいけない。机上の仕事をこなす能力だけではなく、組織の人間を動かしていくリーダーシップも重要となる。

2 経営のセンス

ＣＦＯにとって知識やテクニックなどの取得は必要条件であるが、それだけではいい経営者にはなれない。経営者に必要なものは、「的確な判断力と迅速な決断力」や「商売人としてのセンス」である。これらの能力は、漫然と本を読んでいても身にはつかず、日々の生活の中で経験を積み、実践を通して徐々に身につけていくしかない。

しかし、あなたが学生で、そのような経験を積む機会に恵まれない場合には、自分が好きな会社や注目している企業を一つ選んで、その会社の情報を追いかけてみる方法を勧める（私の場合はそれがディズニー社であった）。その会社が発表する財務諸表、その会社のことが書かれた書籍や新聞・雑誌の記事、さらに現代では、インターネットという道具も発達しているので、たとえ、一つの会社に絞ったとしても、その情報量は莫大なものとなる。そうすれば、あくまで疑似的なものではあるが、経営というものを経験することができる。

そして、仕事に就いた時には、自分で、あるいは、企業が設定した日々の課題を、ひとつひとつ乗り越えていくことである。大切なことは、常に「経営」というものを意識することである。そうすれば「知識」が「知恵」に昇華することになる。

また、現代の企業のシステムは曲がり角に来ており、変革の時期にきていることは間違いない。その場合、広い視野、特に、国際的な視点からものごとを判断しなければいけない。残念ながら、今の日本は世界の中ではリーダーになっていない。特にＣＦＯが直接的に扱わなければいけない「カネの世界」は、確実に国境は無くなっており、経営者の中で最も国際的な感覚が必要になっていることを注意しなければいけない。

3 高度の人間性

経営のプロセスは、「Plan（計画）」、「Do（実行）」、「Check（点検）」、「Act（改善）」というＰＤＣＡサイクル」である。ＣＥＯ（Chief Exective Officer：最高経営責任者）が経営戦略を立て（＝Plan）、ＣＯＯ（Chief Operating Officer：最高責任者）がその戦略を実行し（＝Do）、ＣＦＯがその結果を検証し（＝Check）、最後に全員で戦略改善および新たな企業戦略立案（＝Act）をすることになる。

この時ＣＦＯは、ＣＥＯ、ＣＯＯとともに経営に尽力すると同時に、あくまで独立性を保ち、冷静かつ厳しい目をもって、他の経営者を監視しなければいけない。もちろん、ＣＦＯ自身に倫理感が無ければ話にならないが、この機能がしっかり果たされていないと、ＣＥＯやＣＯＯの暴走を抑止したり、企業の不正を見抜いて正すといったことができなくなる。この状況を車に例えるならば、ハンドルを握って行き先を決めるのがＣＥＯ、アクセルを踏むのがＣＯＯ、そして、車のブレーキをかけるのがＣＦＯという役割分担になる。

グーグル社が上場した時のように、組織において大切なことはバランスを保つことだと言える。ＣＦＯは、急成長している会社をあえて冷めた目で見続け、企業の暴走を止める役割を担っているということを忘れてはいけない。

度重なる企業の不祥事に対応して、我が国においてもＪＳＯＸ法が制定された。しかし、一つの法律ができると、企業はそれに抵触しないように尽力するが、それは、違法行為をしないように最低の基準を守ろうとしているに過ぎない。本来、企業に求められる内部統制や倫理のレベルは、法が要求するものよりはるかに高いものである。内部統制を整備していくのは経営者の責任ではあるが、それ以上に経営者が不正行為を排除しようという高い倫理観を持っているかが重要である。

企業の倫理の問題は、結局のところ、制度で作り上げるものではなく、経営者個人の倫理観や道徳感でしかないのである。特に、ＣＦＯは独立性を保ち、冷静かつ厳しい目をもって他の経営者を監視しなければいけないという使命を負っており、他の経営者よりも高い倫理感を持たなければいけないのである。

その場合、重要なことは、ミルグラム実験の結果が示すように、人間とは完全な存在ではなく、弱さを持っているということを認識することである。その弱さを認識したうえで、高度の倫理感を保持することに努力することである。

エピローグ

田中博士の二つの失敗

ノーベル賞受賞者である田中耕一博士は、ノーベル賞を受賞した研究で二つの失敗をしたと説明している。一つは、研究過程での失敗であり、もう一つは、世界的に認められる発見をしておきながら、事業として十分に育てることができなかったという失敗だそうである（日経ビジネス二〇〇八年四月七日号「原石には磨き方がある」参照）。

一番目の失敗からは、その失敗をヒントに発想を転換し、偉大な成果が生まれたが、二番目の失敗は、「冷静に考えるほど落ち込む失敗」であったそうである。なぜなら、田中氏の研究をヒントに事業化に成功したのは、同氏が所属していた島津製作所ではなく、海外の企業であったからである。

田中氏は、発見を事業に育てるためには、その発見の価値や位置づけに対する本人の認識と、その価値を評価して次のステップにつなげる目利き役と、さらには資金の出し手が必要であり、米国にはこれら一連の流れがシステムとして機能しており、日本は「宝の持ち腐れ状況」だと説明している。

米国という国の懐の深さ

グーグル社のケースを思い出して欲しい。同社の創業者であるペイジやブリンは、確かに貴重な原石であったことは間違いない。しかし、同社が現在のような世界有数の企業にまで成長できたのは、創業間もない頃にベクトルシェイム（サン・マイクロシステムズの共同創業者）が同社に出資した10万ドルの資金であり、原石を磨いて上場をさせたCEOのシュミットやCFOのレイエスのような参謀役のおかげである。

米国という国の懐の深さは、事業の成功者は次の世代のために資金を提供するものだと考える習慣があることと、参謀役を教育し、原石と結びつけるシステムが社会に組み込まれていることである。日本に輝く事業が少ないとすれば、それは、原石が無いことが原因ではなく、原石に資金を提供する人と原石を磨く参謀役が少ないことが原因なのである。

大先輩の言葉

実は、田中氏は、私の卒業した高校の先輩である。後輩の私は、大先輩の言葉を重く受け止めなければいけないのだが、残念ながら、私には原石に資金を提供できるほど財産的余裕はない。しかし、この私でも、参謀役を輩出するための手伝いぐらいはできるのではないかと考えた。この本を書くことによって、少なくとも若者に参謀役（CFO）になるというのもおもしろい生き方だと、思わせることができるのではないかと。

世界で活躍するCFOになったら

この本の成否は、読者の皆さんにかかっている。この本を読んで、一人でも多くのCFOが出現したら、私の企みは成功したことになる。

そしてもし、あなたが世界で活躍するCFOになったら、次のことを守ってもらいたい。まず、あなたの経験やノウハウを次の世代に伝授して欲しい。そして、あなたが手にした財産の一部を次なる原石に投資して欲しい。それが成功者の使命というものである。

末筆ながら、このような私の企みを快く受けて頂き、辛抱強く私の悪文の校正につきあって頂いた税務経理協会の大坪克行氏、峯村英治氏にこの場を借りて、御礼申し上げたい。

平成二〇年　二一〇日に吹く風を感じながら

山田有人

参考文献

〈ＣＦＯの業務一般に関して〉

・「最強ＣＦＯ列伝」（井出正介著　二〇〇三年　日経ＢＰ社）
・「ＣＦＯ　最高財務責任者の新しい役割」（ジェレミー・ホープ著　米田隆監訳　二〇〇七年　ファーストプレス）
・「ＣＦＯの実務」（あずさ監査法人・ＫＰＭＧ　二〇〇八年　東洋経済新報社）
・「ＣＦＯの戦略会計」（落合稔著　二〇〇四年　中央経済社）
・「ＣＦＯハンドブック」（落合稔編著　二〇〇六年　中央経済社）
・「企業ファイナンス入門講座」（保田隆明著　二〇〇八年　ダイヤモンド社）
・「経営財務入門」（井出正介、高橋文朗著、二〇〇六年　日本経済新聞出版社）
・「日本企業のコーポレートファイナンス」（砂川伸幸、川北英隆、杉浦秀徳著　二〇〇八年日本経済新聞出版社）
・「組織は戦略に従う」（アルフレッド・Ｄ・チャンドラー著　有賀裕子訳　ダイヤモンド社）
・「ＣＦＯの時代」（日経ビジネス二〇〇八年六月九日号）
・〝Executive Corporate Finance〟Samir Asaf, Pearson Education Limited 2004
・〝The Vest Pocket CFO〟Jae K. Shim & Joel G. Siegel John, Wiley & Sons, Inc. 2008
・日本ＣＦＯ協会のホームページ

〈企業会計に関して〉
・「歴史から学ぶ会計」（渡辺泉著　二〇〇八年　同文舘出版）
・「ゼミナール　現代会計入門　第6版」（伊藤邦雄著　二〇〇六年　日本経済新聞出版社）

〈「会社は誰のものか？」に関して〉
・「会社法入門」（神田秀樹著　二〇〇六年　岩波新書）
・「株式会社に社会的責任はあるか」（奥村宏著　二〇〇六年　岩波書店）
・「会社は誰のものか」（岩井克人他著　二〇〇五年　平凡社）
・「会社は誰のものか」（吉田望著　二〇〇五年　新潮新書）
・「会社とは何か」（日本経済新聞社編　二〇〇六年　日本経済新聞出版社）

〈グーグル社に関して〉
・「Ｇｏｏｇｌｅ誕生」（デビッド・ヴァイス、マーク・マルシード著　田村理香訳　イースト・プレス）
・「グーグルはなぜタダなのか」（日経ビジネス二〇〇六年九月二五日号）
・グーグル社ホームページ

〈ソフトバンクに関して〉

・「幻想曲」（児玉博著　二〇〇五年　日経BP社）
・「進化し続ける経営」（北尾吉孝著　二〇〇五年　東洋経済新報社）
・「ソフトバンクの行方」（日経ビジネス一九九七年一〇月一三日号）
・「新生ソフトバンク「時価総額極大化経営」の成否」（日経ビジネス一九九九年一〇月二五日号）
・ソフトバンクホームページ
・SBIホームページ

〈ディズニー社に関して〉
・「ディズニー・タッチ」（ロン・グロヴァー著　仙名紀訳　一九九二年　ダイヤモンド社）
・「ディズニー千年王国の始まり」（有馬哲夫著　二〇〇一年　NTT出版）
・「最強CFO列伝」（井出正介著　二〇〇三年　日経BP社）
・〝The Value-Adding CFO: An Interview with Disney's Gary Wilson〟Harvard Business Review 1990
・ディズニー社ホームページ

〈日産自動車に関して〉
・「ゴーンが挑む7つの病」（日経ビジネス編　二〇〇〇年　日経BP社）
・「最強CFO列伝」（井出正介著　二〇〇三年　日経BP社）

・「ゴーンが語る再生の法則」（日経ビジネス二〇〇三年一月一三日号）
・「リバイバルプラン後に問われる真の復活」（日経ビジネス二〇〇〇年一一月一三日号）
・「有利子負債は悪者なのか」（日経ビジネス二〇〇二年四月八日号）
・日産自動車ホームページ

〈**エンロン事件・ライブドア事件に関して**〉
・「エンロン崩壊の真実」（ピーター・C・フサロ、ロス・M・ミラー著　橋本碩也訳　二〇〇二年　税務経理協会）
・「粉飾資本主義　エンロンとライブドア」（奥村宏著　二〇〇六年　東洋経済新報社）

〈**ミタル社・新日鉄に関して**〉
・「新日鉄VSミタル」（NHKスペシャル取材班著　二〇〇七年　ダイヤモンド社）
・Knowledege@Wharton（二〇〇五年一一月）
・ミタル社ホームページ
・新日鉄ホームページ

推薦のことば

学校法人大原学園　大原大学院大学
学長　青木　靖明

現在、日本経済の潜在的成長力はかつての勢いは無く、消費拡大・シェア至上主義だけ唱えている時代は終わった。しかし、今こそ経営者の知恵によって企業は大きく変化するおもしろい時代でもある。

本著者である山田有人氏は、時代に先駆けて現在の問題点を鋭く突いている。旧来の常識的な経営感覚にない視点から情報収集と知恵を働かせて、次なる経営はどうあるべきかを説き、新しい創造性のある経営を論じたのである。

いつの時代でもどんな仕事でも、一人で全てを知ることはできず、勝つためには作戦を担当する高級将校、すなわち参謀がいなければならない。今風にいえば、優れたコンサルテーションにより出した知恵によって、経営の良し悪しは決まる。

その知恵が本物かどうかは、それを出す人物で決まるが、山田有人氏のもつ豊富な経験と時代を見通す眼力によって書かれたこの本は、経営の真髄が書かれており、企業のバックボーンになることは確かである。

経営者に最も要求される能力は、お金の行く末を見極めることである。すなわち経営者は最高財務責任者（CFO）でなければならない。企業の心臓部は経営会計であり、そこの弱い企業は、財務諸表から将来性と比較性を読めず、いずれは死に至る危険性を孕むことになる。諸々の点において、山田有人氏が示唆した事柄は、経営参謀として適切なものばかりであり、新しい経営者の必携の書であると確信し推薦する。

著者略歴

山田《やまだ》　有人《ありひと》

一九六三年富山県生まれ。

慶應義塾大学経済学部卒、筑波大学大学院経営・政策科学研究科修了。

公認会計士。米国勤務を経て、元中央クーパース・アンド・ライブランド国際税務事務所（現税理士法人ＰＷＣ）パートナー。日本公認会計士協会国際委員や経済産業省の各種委員会委員を歴任。また、ＣＦＯとして香港及び日本においてエンターテイメント企業２社を上場させ、予算管理、財務戦略、タックス・プランニング、Ｍ＆Ａ、リストラクチャリング、ＩＲ活動等の業務に従事する。ＣＦＯ退任後は、社会における企業の役割や、企業に内包するリスクと知的財産の関係を研究テーマとして、後進の指導にあたっている。

現在、大原大学院大学教授、吉本興業株式会社監査役。

主な著書として、「コンテンツ・ビジネスで失敗しない法則」（日経ＢＰ社）、「会計・税務―コンテンツ・プロデュース機能の基盤強化に関する調査研究」（経済産業省）がある。

著者との契約により検印省略

平成20年11月11日　初版第1刷発行
平成20年12月22日　初版第3刷発行

世界のビジネスを変えた
最強の経営参謀

著　　者　山田有人
発 行 者　大坪嘉春
製 版 所　㈱マッドハウス
印 刷 所　税経印刷株式会社
製 本 所　株式会社　三森製本所

発行所　東京都新宿区下落合2丁目5番13号　株式会社　税務経理協会

郵便番号 161-0033　振替 0019-2-187408　電話(03)3953-3301(編集部)
FAX(03)3565-3391　(03)3953-3325(営業部)
URL　http://www.zeikei.co.jp/
乱丁・落丁の場合はお取替えいたします。

ISBN978−4−419−05171−6　C3034